TERRA UM

Escrito por **Grant Morrison**

Arte por **Yanick Paquette**

Cores **Nathan Fairbairn** • Editor original **Eddie Berganza**

Tradução **Alexandre Callari & Bernardo Santana** • Letras **Celso Pimentel** • Editor **Bernardo Santana**

Mulher-Maravilha criada por **William Moulton Marston.**

PANINI GROUP Diretor de Publicações: Marco M. Lupoi **Coordenador de Publicações:** Leonardo Raveggi **PANINI BRASIL LTDA. Diretor-Presidente:** José Eduardo Severo Martins **Diretor-Administrativo e Financeiro:** Fábio Trigo Martins **Diretor de Distribuição:** Gilberto Finotto Gil **Editor Líder:** Levi Trindade **Gerente de Marketing:** Marcelo Adriano da Silva **Coordenadora de Negócios Digitais:** Juliana Avila **Analista de Marketing:** Carolina Corazzin **Coordenador de Inteligência Comercial:** Rodrigo Felipe Lucizano **Publicidade:** comercial@panini.com.br **Assessoria de Comunicação:** Ketchum: panini@ketchum.com.br **PLANEJAMENTO E CONTROLE DE PRODUÇÃO Gerente Industrial:** Edson Aprijo de Farias. Esta revista foi impressa pela Duograf - Gráfica e Editora Ltda. Distribuído em todo o país por **PANINI BRASIL LTDA. PRODUÇÃO EDITORIAL MYTHOS EDITORA LTDA. Diretores:** Dorival Vitor Lopes e Helcio de Carvalho **REDAÇÃO Editor-Chefe:** Helcio de Carvalho **Editor Sênior:** Pedro Catarino **Editor de Arte:** Julio C. Nogueira **Arte:** Celso Pimentel, Daniel Fantini, Fernando Chakur e Wesley Souza **Coordenador de Produção:** Ailton Alipio **Revisão:** Melissa Correa

MULHER-MARAVILHA: TERRA UM é uma publicação da Panini Brasil Ltda. **Administração e Publicidade:** Alameda Caiapós, 425 – Tamboré – Barueri – CEP 06460-110 – SP – Brasil. **Redação e Correspondência:** Av. São Gualter, 1296 – São Paulo – SP – Brasil. CEP 05455-002. Fone/fax: (11) 3024-7707. Para a edição brasileira, Panini Brasil Ltda.

Dados Internacionais de Catalogação na Publicação (CIP)
(Câmara Brasileira do Livro, SP, Brasil)

Morrison, Grant
Mulher maravilha : terra um / escrito por, Grant Morrison ; arte por Yanick Paquette ; tradução Alexandre Callari & Bernardo Santana. -- Barueri, SP : Panini Comics, 2020.

Título original : Wonder woman : earth one.
ISBN 978-85-8368-206-6

1. Histórias em quadrinhos I. Paquette, Yanick. II. Título

16-08932 CDD-741.5

Índice para catálogo sistemático:
1. Histórias em quadrinhos 741.5

DEDICATÓRIA

A todas as mulheres-maravilha.
Grant Morrison

Esta vai para Diane, minha mãe, que compartilha bem mais do que o nome da Mulher-Maravilha. Ser criado em um lar feminista me possibilitou ter uma visão moderna do mundo, permitindo definir meu relacionamento com as mulheres de forma plena e igualitária, e me fez encontrar meu próprio caminho até minha masculinidade. *Merci,* Diane.
Yanick Paquette

História originalmente publicada em WONDER WOMAN: EARTH ONE (abril/2016)

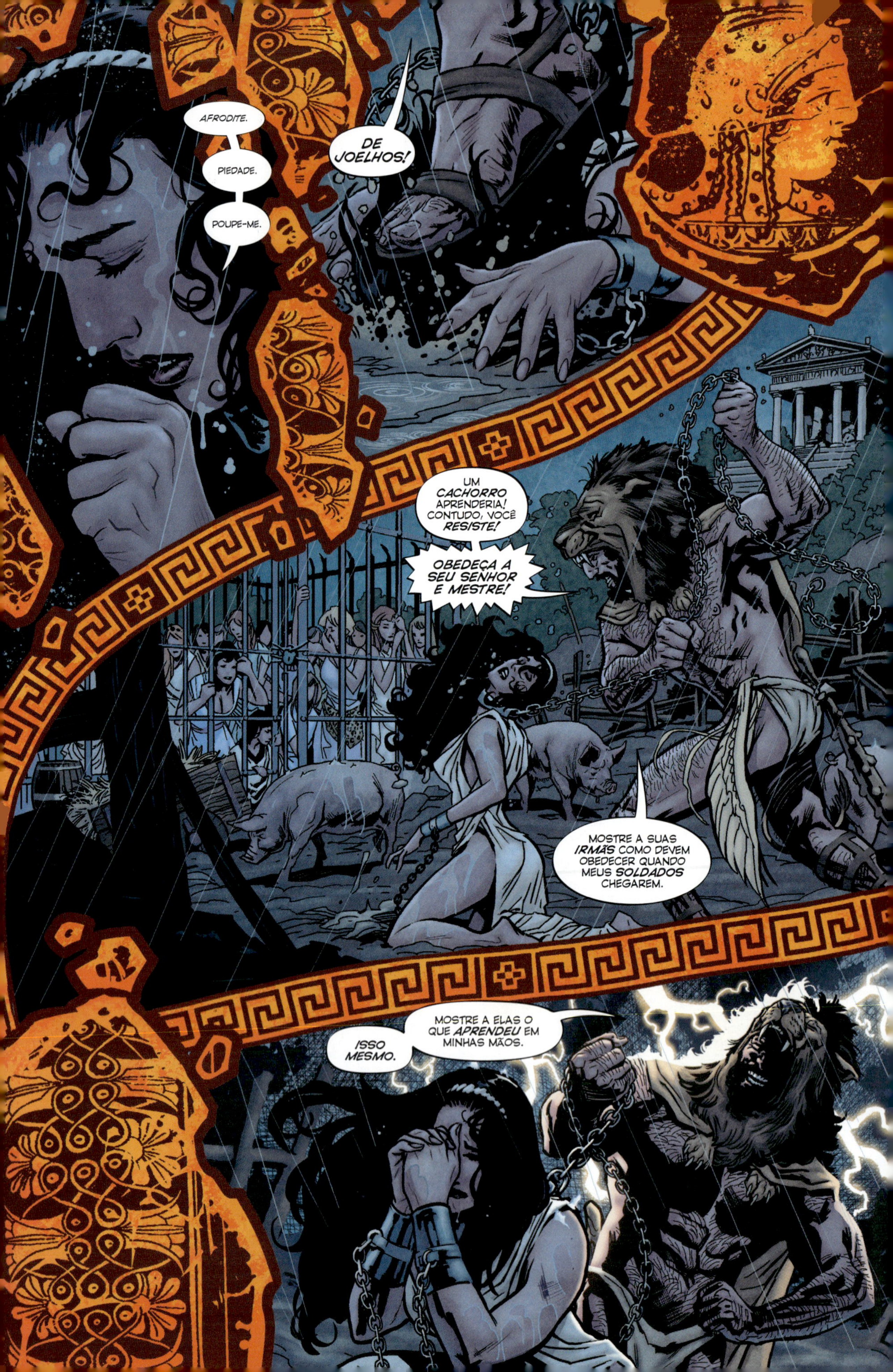

AFRODITE.
PIEDADE.
POUPE-ME.
DE JOELHOS!
UM CACHORRO APRENDERIA! CONTUDO, VOCÊ RESISTE!
OBEDEÇA A SEU SENHOR E MESTRE!
MOSTRE A SUAS IRMÃS COMO DEVEM OBEDECER QUANDO MEUS SOLDADOS CHEGAREM.
MOSTRE A ELAS O QUE APRENDEU EM MINHAS MÃOS.
ISSO MESMO.

AFRODITE... VENHA ATÉ MIM...
HIPÓLITA
ESTA PAUSA É MINHA PRECIOSA DÁDIVA
?
HÉRCULES É NÃO MAIS QUE UM HOMEM DE BARRO E OSSOS E SANGUE E HISTÓRIAS
SÓ O QUE PROTEGE ESSE MORTAL DE SER FERIDO É SEU CINTURÃO ROUBADO
RECLAME-O AGORA, ENQUANTO O TEMPO RECUPERA SEU FÔLEGO CHEIRANDO A DOR
AGORA!

NÃO DESPERDICE ESTA DÁDIVA, ESTE INSTANTE QUE É SEU
SINGULAR EM TODA A ETERNIDADE
RAINHA *ESCRAVA* DE UMA *NAÇÃO* DE ESCRAVAS.
SUAS FILHAS VÃO VIVER E MORRER PELA GRAÇA DO PUNHO DE UM HOMEM.
ASSIM É MELHOR.
DIGA A *MIM*.
DIGA A *ELAS*.
É TUDO *FINGIMENTO*, LEMBRA-SE?

DIGA A ELAS TUDO QUE VOCÊ *É*.
DIGA.
DIGA A TODOS O QUE HÉRCULES A *TORNOU*.
HÉRCULES...
HÉRCULES TORNOU-ME *PACIENTE!*
GRRM

HÉRCULES
ENSINOU-ME QUE A VIDA
É UM PRIVILÉGIO.
GULLK

AGORA CHEGA.
KKK
KRKT
CHEGA!

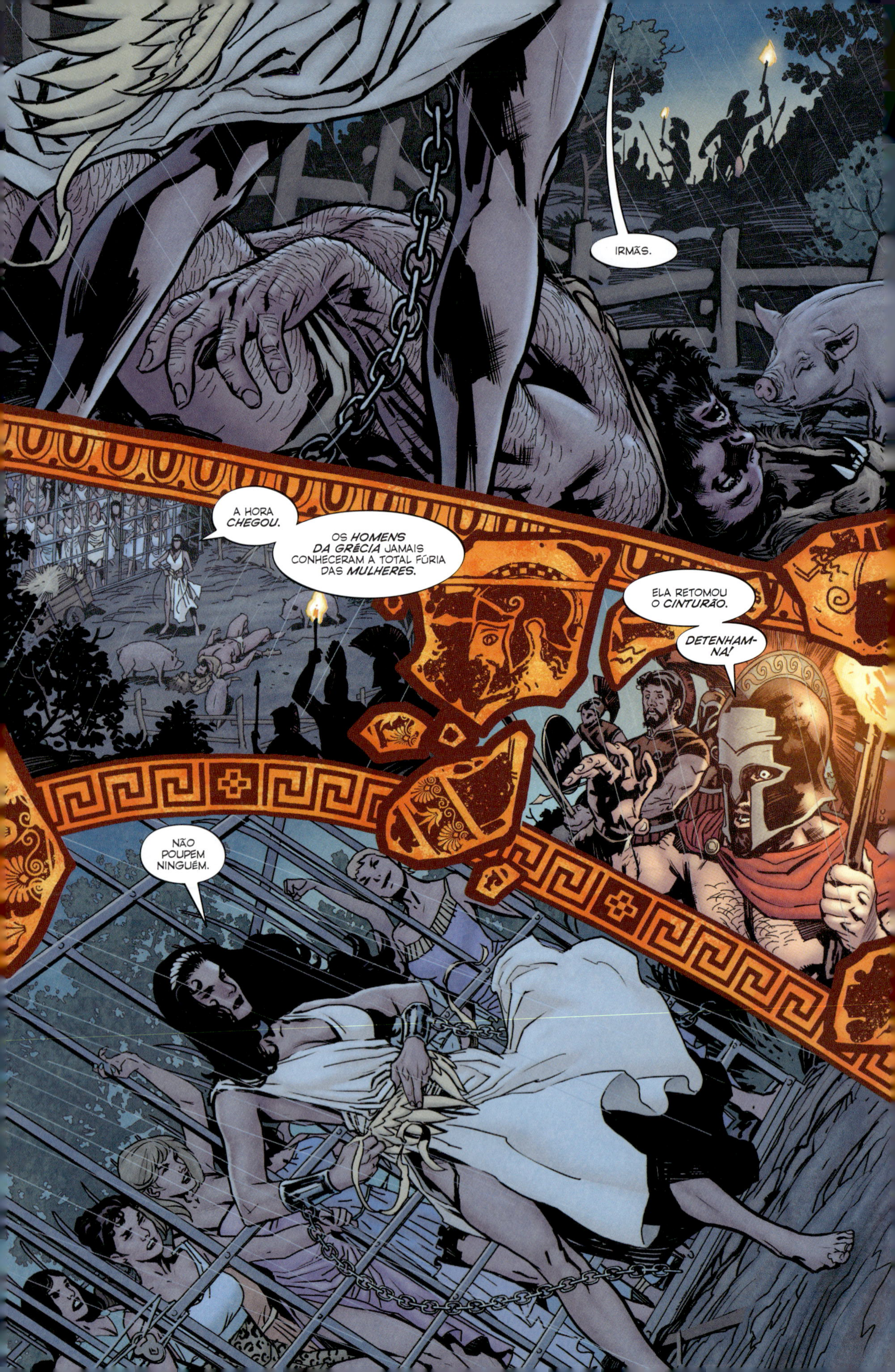
IRMÃS.
A HORA CHEGOU.
OS HOMENS DA GRÉCIA JAMAIS CONHECERAM A TOTAL FÚRIA DAS MULHERES.
ELA RETOMOU O CINTURÃO.
DETENHAM-NA!
NÃO POUPEM NINGUÉM.

OUÇAM-ME, IRMÃS!
AMAZONAS!
ERGAM-SE!
LIBERTEM-SE DE SEUS GRILHÕES!

LIBERTEM-SE DO JUGO DO HOMEM!
E DOS HOMENS!

DOCE AFRODITE...
CHEGA DE SANGUE *DERRAMADO*.
CHEGA DE *ALGEMAS*.
PERMITA QUE NOS DESVENCILHEMOS *PARA SEMPRE* DO MUNDO DOS HOMENS.
PERMITA QUE ERGAMOS UM IMPENETRÁVEL VÉU À NOSSA VOLTA E PROSPEREMOS EM *PAZ*.

EM UM MUNDO QUE NÃO TRAGA A *MARCA* DOS HOMENS.

TRÊS MIL ANOS DEPOIS.

ILHA PARAÍSO.

É ELA?
TERÁ RETORNADO?
MINHA DIANA, MINHA FILHA.
SERÁ QUE DEVO EU MESMA SER JULGADA?
O QUE FIZ DE ERRADO PARA ELA SE COMPORTAR ASSIM?
NO FIM, DIANA NÃO RESISTIU.
COMO SE QUISESSE ISSO.
COMO SE FOSSE UM DESEJO DELA.
NO FIM, ELA SE SUBMETEU À VONTADE DE VOSSA MAJESTADE.
COMO TODAS NÓS, MINHA DOCE HIPÓLITA ETERNA.
COMO TODAS NÓS.

PRINCESA DIANA.
VOCÊ ESTÁ *PRESA*.
POR ORDEM DA *RAINHA HIPÓLITA*.
EU COMPREENDO.
A DECISÃO FOI *MINHA*.

VENHO POR VONTADE PRÓPRIA, EM OBEDIÊNCIA À *AUTORIDADE* DE NOSSA ADORADA RAINHA, MINHA MÃE.
CONCORDEI COM ESTA *PROVAÇÃO* PORQUE SEI QUE O RESULTADO *MUDARÁ O MUNDO PARA MELHOR.*
O *NOSSO* MUNDO É PERFEITO COMO ESTÁ.
A *ARENA DO JULGAMENTO* AGUARDA.
AS *MOIRAS* EM PESSOA FORAM CONVOCADAS.
O QUE É ISSO EM SEU ROSTO?
DIANA.
COMO *PÔDE* FAZER ISSO CONOSCO?
PORQUE FOI *NECESSÁRIO,* NÚBIA.

DIANA, PRINCESA DAS AMAZONAS.
MULHER-MARAVILHA.
VOCÊ É ACUSADA DE VIOLAR LEIS E JURAMENTOS ANTIGOS E DE SE RELACIONAR COM O MUNDO DOS HOMENS!
QUE AS MOIRAS SEJAM TESTEMUNHAS DE SUA DEFESA!

À LUZ DERRAMADA DE HÉCATE, CORTO EU O FIO DA VIDA PRATEADA.
EU, DAS TRÊS IRMÃS, A MAIS VELHA.
ÁTROPOS.
EU SOU CLOTO. CHAMADAS FOMOS. PARA TESTEMUNHAR VIEMOS.
E LÁQUESIS.
ACAUTELEM-SE.
SILÊNCIO POR NOSSA MAJESTADE.
HIPÓLITA DAS AMAZONAS, RAINHA DESDE O INÍCIO DOS TEMPOS.
OUSAMOS ESPERAR QUE A SABEDORIA E A VERDADE PREVALEÇAM?
O CORAÇÃO DELA TRARÁ À TONA SEMENTES NOVAS OU COISAS ENTERRADAS...
...QUE SE ARRASTARÃO ATÉ A LUZ...
...E PARTIRÃO O MUNDO AO MEIO?
VEREMOS.
HIHI... HIHI!

EM NOME DA *VERDADE* ETERNA E DO *CÓDIGO DAS AMAZONAS* DE JUSTIÇA E DE MISERICÓRDIA.
COMO DITA A *LEI DE AFRODITE*, SOU OBRIGADA... A RELATAR COM HONESTIDADE A HISTÓRIA PASSADA.
ATADA PELO *LAÇO DA VERDADE* VOCÊ ESTÁ.
PORTANTO, NÃO PODE *MENTIR*.
QUE O JULGAMENTO *COMECE*.
POR QUE EU *MEN-TIRIA?*
QUEM UM DIA ME *ENSINOU* A MENTIR?
SE BEM ME RECORDO, COMEÇOU NA NOITE ANTERIOR À *LUA CAÇADORA* E AO *FESTIVAL DE DIANA*...
DIANA!
PRINCESA!
QUAL É O *PRO-BLEMA?*

DINDRA, A CERVA, FERIU-SE NOS ROCHEDOS NOVAMENTE.
FAZ ISSO UMA VEZ A CADA CENTENA DE ANOS.
O PROJETOR DE RAIOS É TODO SEU, PRINCESA.
NINGUÉM O ENTENDE COMO VOCÊ.
ACREDITO QUE O RAIO PÚRPURA POSSUA UMA FREQUÊNCIA OMNI DE CURA.
SEI QUE POSSO ENCONTRÁ-LA ALGUM DIA.
INCRÍVEL, DIANA... VOCÊ MANIPULA O RAIO COMO SE TOCA UMA LIRA.
PODE NÃO FUNCIONAR PARA SEMPRE, DINDRA.
TENHA CUIDADO.
FIQUE LONGE DOS PENHASCOS, NO FUTURO.
PREFERIMOS BONS AUGÚRIOS PARA O FESTIVAL.
VENHA, QUERIDA...

VOLTE PARA SUA FAMÍLIA.
AH, *ALTHEA*... ELA ESTAVA COM TANTA DOR.
ACIDENTES ACONTECEM, DIANA.
ASSIM É A *VIDA NO TEMPO*.
SOMENTE AS AMAZONAS SÃO *ETERNAS*.
NOSSO *PARAÍSO* É PERPÉTUO.
NOSSA FILHA MAIS QUERIDA... NOSSA PRINCESA DA *LUA VELOZ*...
...VOCÊ *PARTICIPARÁ* DOS JOGOS?
SABE QUE MINHA MÃE *PROÍBE* QUE EU PARTICIPE.
ELA DIZ QUE MINHA *FORÇA* E *RESISTÊNCIA* ME CONFEREM UMA VANTAGEM INJUSTA SOBRE AS DEMAIS AMAZONAS.
DIGA A MAHLA QUE ESTOU COM CIÚME.
NINGUÉM PODE VENCÊ-LA, DIANA.
NEM MESMO *MAHLA*, NOSSA *CAMPEÃ*.
DESEMPENHAREI MEU *PAPEL DE COSTUME*.

<...CONFLITOS CONTINUAM NO ORIENTE MÉDIO...>
<...ENFRENTANDO COLAPSO ECONÔMICO...>
<...DESIGUALDADE...>
MÃE.
QUE LÍNGUA É ESSA?
NÃO É *NADA*.
AS INSANAS VOZES DO ***MUNDO DOS HOMENS***.
O SOM DA ***DESOLAÇÃO*** QUE JAZ ALÉM DE NOSSAS PERFEITAS ORLAS.
O PAVOROSO ESTRONDO QUE É O ***CONFLITO*** SEM FIM DO HOMEM.
ELES ***NUNCA MUDAM.*** CONTUDO, ***EXIGEM*** MUDANÇAS O TEMPO TODO.

SUA "MASCULINIDADE" É UMA TRISTE E ALQUEBRADA ABERRAÇÃO DA NATUREZA.
O HOMEM É GENETICAMENTE INCOMPLETO.
SEMPRE ANSIANDO PELO QUE NÃO PODE SER OU POSSUIR.
DIANA!
MINHA QUERIDA!
MINHA ADORADA!
DOCE DIANA!
O QUE ESTAVA OLHANDO EM SUA ESFERA MÁGICA?
O QUE HÁ DE TÃO IMPORTANTE NO MUNDO DOS HOMENS?
ESTÁ MUITO BELA HOJE, FILHA.
SAUDÁVEL E FORTE.
CUIDADO COM MEU ESPELHO!
NÃO DEIXO IMPRESSÕES EM SUA SUPERFÍCIE.
EU MAL O TOQUEI, MÃE.
SE SOUBESSE COMO FAZÊ-LO FUNCIONAR, EU--
UM DIA, VOCÊ APRENDERÁ.
A ESFERA MÁGICA DE HIPÓLITA É UMA BÊNÇÃO, MAS TAMBÉM UMA MALDIÇÃO.
ÀS VEZES, SABEMOS MAIS DO QUE DEVEMOS SABER.

GENTIL DIANA. SUA PELE TEM CHEIRO DE QUENTES *BISCOITOS E TANACETOS.*
AQUI VOCÊ NASCEU, MEU AMOR, MOLDADA NO BARRO ENTRE MEUS PRÓPRIOS DEDOS.
HOJE ESTÁ PARECENDO AQUELA *MANHÃ,* HÁ MUITO, MUITO TEMPO...
EU A CONHECI QUANDO *NADA* ERA, FILHA.
QUANDO ERA SÓ UM *SONHO* QUE TIVE.
EU ERA UMA IMAGEM DE BARRO. SUA ARTE E A MAGIA DOS DEUSES ME DERAM *VIDA.* EU SEI, EU SEI...
ISSO É TUDO QUE SEMPRE SEREI...
PÓ QUE ACHA QUE ESTÁ *VIVO.*
NÃO.
VOCÊ É MINHA *CRIANÇA-MARAVILHA,* DIANA.
UMA DÁDIVA DOS DEUSES.
EU *NÃO SOU* UMA CRIANÇA, MÃE.
ESSA FARSA QUE A SATISFAZ É PERVERSA.

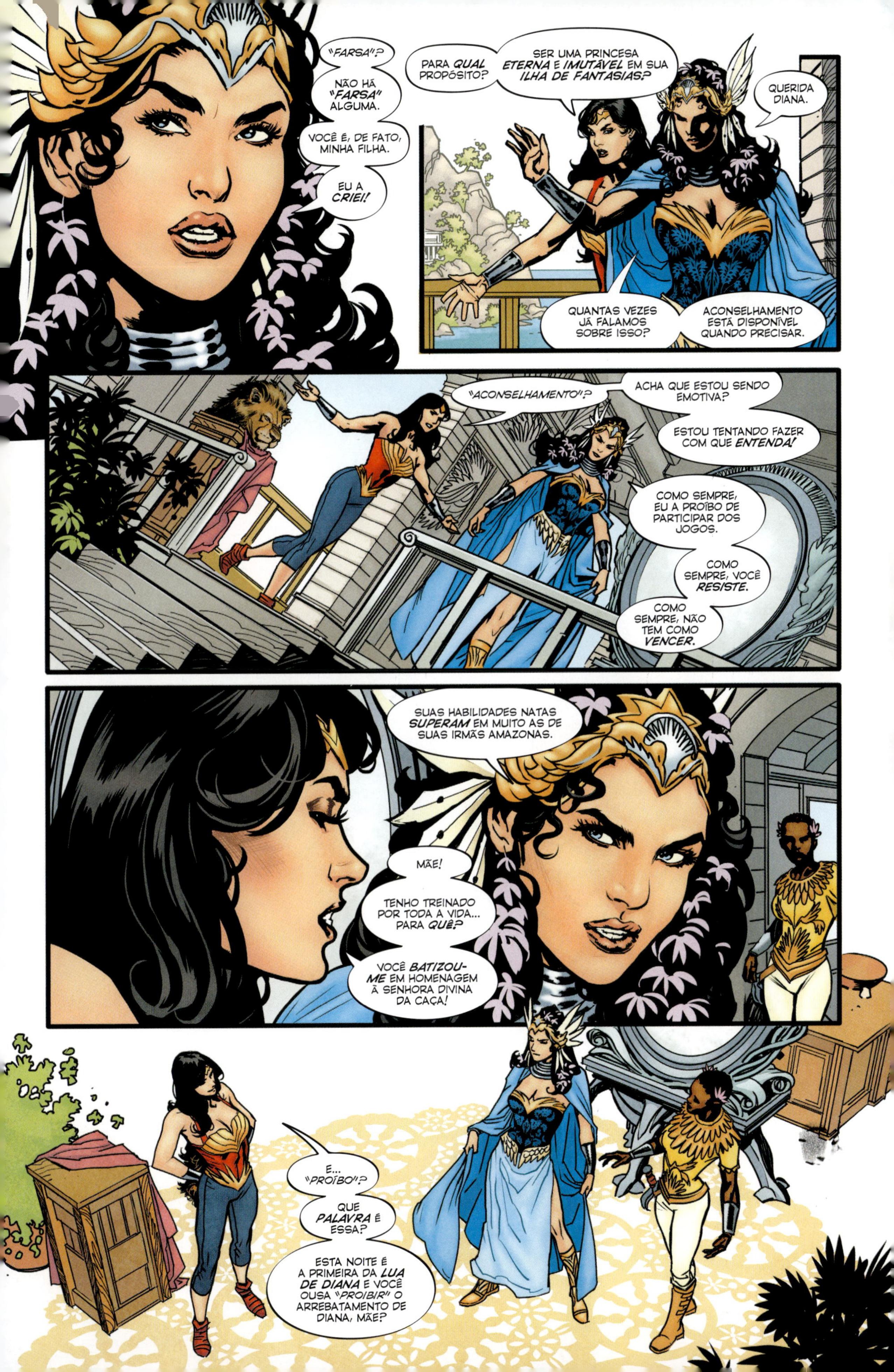
"FARSA"?
NÃO HÁ "FARSA" ALGUMA.
VOCÊ É, DE FATO, MINHA FILHA.
EU A CRIEI!
PARA QUAL PROPÓSITO?
SER UMA PRINCESA ETERNA E IMUTÁVEL EM SUA ILHA DE FANTASIAS?
QUERIDA DIANA.
QUANTAS VEZES JÁ FALAMOS SOBRE ISSO?
ACONSELHAMENTO ESTÁ DISPONÍVEL QUANDO PRECISAR.
"ACONSELHAMENTO"?
ACHA QUE ESTOU SENDO EMOTIVA?
ESTOU TENTANDO FAZER COM QUE ENTENDA!
COMO SEMPRE, EU A PROÍBO DE PARTICIPAR DOS JOGOS.
COMO SEMPRE, VOCÊ RESISTE.
COMO SEMPRE, NÃO TEM COMO VENCER.
SUAS HABILIDADES NATAS SUPERAM EM MUITO AS DE SUAS IRMÃS AMAZONAS.
MÃE!
TENHO TREINADO POR TODA A VIDA... PARA QUÊ?
VOCÊ BATIZOU-ME EM HOMENAGEM À SENHORA DIVINA DA CAÇA!
E... "PROÍBO"?
QUE PALAVRA É ESSA?
ESTA NOITE É A PRIMEIRA DA LUA DE DIANA E VOCÊ OUSA "PROIBIR" O ARREBATAMENTO DE DIANA, MÃE?

E ASSIM O FESTIVAL COMEÇOU. O *PRIMEIRO DIA.*
EU SOU *DIANA.*
O QUE ACONTECEU FOI POR *VONTADE DE HIPÓLITA.*
O BARRO FOI *MOLDADO.* MEU FUTURO, *ESTABELECIDO.*

QUANDO TUDO É RENOVADO. TODA ARTE, TODO AMOR, O AMANHÃ.
QUANDO O DESEJO DO FUTURO É SE TORNAR DOR...
...NÓS SÓ PODEMOS PARTICIPAR.

AMAZONAS!
EU DESAFIO SUA *PRESUNÇÃO!*
SUAS *CERTEZAS!*
HAH HAH HAH!
NÃO SOMOS *INCRÍVEIS?*

COMO OUSA?
VOCÊ VESTE A MÁSCARA DO OPRESSOR!
A FACE DE NOSSA NÊMESE!
NADA OPRIME A MIM, O ESPÍRITO DO DESGOVERNO.
HAH HAH HAH!
SIGAM-ME...
...SE OUSAREM!
HAH HAH HAH!
TRAGAM-NA!
HAH HAH HAH!

ENCONTREM-NA!

EM TRINTA SÉCULOS, NUNCA CONSEGUIMOS ENCONTRÁ-LA.
QUE CHANCE TEMOS AGORA?
SHFF
MINHA DEVOÇÃO À RAINHA HIPÓLITA É FATIGADA POR ESTE PERFUME.
CONTUDO...

...NUNCA VACILARÁ.

O DIA DE DIANA, O AMANHECER DA FILHA, PASSOU.
A SEGUIR, A *TARDE* FRUTÍFERA DA MÃE TRARÁ *MUDANÇAS*.
ENTÃO, VIRÁ A *TERCEIRA* E ÚLTIMA NOITE DE *ESCURIDÃO*.
O FIM TRISTE E AMARGO.

AS MOIRAS FALARAM.
QUE SEJA CONVOCADA NOSSA DOCE ALTHEA, A MAIS SÁBIA DE TODAS, PARA SER TESTEMUNHA.
PELA LUZ DE AFRODITE...
...EU FUI PROFESSORA DE DIANA.
ROGO PARA QUE AINDA SEJA.
O SEGUNDO DIA DO FESTIVAL AMANHECEU TAL QUAL TODOS OS OUTROS O FIZERAM POR TRÊS MIL ANOS.
COMO PODERIA EU ADIVINHAR O QUE ACONTECERIA?
ACHEI TER ESCUTADO ALGUMA COISA...

FUI OLHAR...
...MAS NÃO HAVIA *NADA*.
VOCÊS OUVIRAM O TESTEMUNHO DE NOSSAS IRMÃS.
A DEFESA CHEGARÁ AGORA.
UHH-HÚÚ!
A ILHA DAS AMAZONAS!
NÃO TENHO NADA A ESCONDER OU NEGAR, MÃE.

ELA LEVOU A LÂMPADA PÚRPURA...
...O *RAIO DA CURA*.
ELA SABE CURAR... MELHOR QUE NINGUÉM... MAS TEMO ESTAR *ERRADA* SOBRE DIANA...
TRE-VOR?
¿UNHH¿
<O QUE TÁ ACONTECENDO?>
TRE-*VOR?*
STE-VE.
<TENENTE... TENENTE DE VOO STEVE TREVOR...>
<FORÇA AÉREA DOS ESTADOS UNIDOS... EU...>
<...EU *MORRI?*>

SHHH.
EU... SU... DI-A-NA.
<QUÊ?>
<MINHA LÍNGUA?>
<VOCÊ FALA MINHA LÍNGUA?>
<ONDE ESTAMOS... É O RIO? CARNAVAL?>
<PERDI O CONTROLE DA AERONAVE.>
<PRECISO DE REMÉDIOS!>
VOCÊ É UM HOMEM, NÃO?
DO MUNDO DOS HOMENS?
VOCÊ É UM HOMEM?
<MOÇA... PODE TIRAR A MÃO, POR FAVOR?>
<QUE LUGAR É ESTE?>
<ONDE ESTOU?>

VOCÊ É UM *HOMEM.*
SE TE *ENCONTRAREM,* VÃO TE MATAR.
N-NÃO SEI BEM O QUE FAZER.
UNNH.
<EU TÔ DOENTE... INFECÇÃO... MINHA CABEÇA.>
MAS FAREI O QUE PUDER PARA *AJUDÁ-LO...*
<O QUE É ISSO...?>
<O QUÊ...?>
<UMA LÂMPADA ULTRAVIOLETA...?>
UNNHH
<SEJA LÁ QUEM VOCÊ FOR...>
<...EU PRECISO FALAR COM MEU *GOVERNO.*>
<TENHO QUE IR PRA CASA.>
VEJO QUE O *RAIO PÚRPURA* NÃO TEM *EFEITOS* SOBRE OS *HOMENS.*
TEM QUE HAVER UMA MANEIRA.
MESMO SE...

TARRA!
TARRA!
A COROADA E CONQUISTADORA *MULHER-MARAVILHA* DAS *AMAZONAS!*

ELAS VIERAM! DA CIDADE-IRMÃ DE NOVA ATENAS... NOVA ESPARTA...
...SUAS GUERREIRAS ENFRENTARÃO NOSSA CAMPEÃ... A PODEROSA MAHLA!
MAHLA, A INVICTA!
MINHA ETERNA RAINHA... SEREI SEMPRE VITORIOSA...
...EM SUA...

EIA!
EU DESAFIO MAHLA!
ENFRENTE-ME, "MULHER-MARAVILHA"!
E, QUANDO TIVER CAÍDO, EU RECLAMAREI MEU PRÊMIO!
HAH HAH HAH!
AGORA ME ENFRENTE NO CANGURU, "MULHER-MARAVILHA"!

EIA!
LOUCURA!
HÉRCULES!
NENHUM *HOMEM* DERROTA UMA *AMAZONA!*
PREPARE-SE PARA--
¡UOFF!

O QUÊ?
NÃO É ASSIM QUE DEVE ACONTECER...
ARGHH!
O QUE ESTÁ FAZENDO?
NÃO É PARA SER...
PARA SER...
...ASSIM.
DIANA!
MEU ADORÁVEL AMOR!
MINHA RAINHA!
MÃE!
VENCI A CAMPEÃ DAS AMAZONAS! EXIJO MEU TRIBUTO!

UMA... NOVA CAMPEÃ!
A PRIMEIRA EM UM MILÊNIO...
O QUE É ISTO...?
DÊ-ME O PLANADOR-CISNE DE MAHLA.
MEU PLANADOR?
DIANA...
...POR QUE VOCÊ FARIA ISSO?
O PLANADOR-ROBÔ DE MAHLA É SEU.
DE AGORA EM DIANTE, SINTONIZADO SOMENTE À SUA VONTADE. MAS...
...POR QUÊ, DIANA?
A CAMPEÃ PODE EXIGIR SEU PRÊMIO DAS AMAZONAS.
E EU SOU A CAMPEÃ.
O DIA DE DIANA É MEU ANIVER-SÁRIO.
DIANA, EU... NÃO ENTENDO...

VENHA, DIANA.
SEU *LOURO* A AGUARDA.
UUUH!
ELA TEM VANTAGENS QUE NENHUMA DE NÓS POSSUI.
SÓ PODEMOS *PERDER*.
ISSO NÃO É *JUSTO!*
NÃO!
INJUSTO!
PELA PRIMEIRA VEZ, O TERCEIRO DIA DE DIANA NÃO É VENCIDO POR *MAHLA, ÁRTEMIS* OU *TROIA*... AS COMPETIDORAS DE *NOVA ESPARTA*...
...MAS POR DIANA...
...MINHA FILHA.
VOCÊ.
EM MEUS APOSENTOS.
IMEDIATAMENTE.

PRIMEIRO VOCÊ *SOME* POR UM DIA...
...AGORA *ISSO!*
COMO *HÉRCULES,* VOCÊ DEVERIA SE RENDER A MAHLA EM DOCE *SUBMISSÃO!*
ESTOU CANSADA DE DESEMPENHAR O MESMO PAPEL *SEMPRE*...
HÁ UM MUNDO *MAIOR* DO QUE ISSO.
NOSSA CAMPEÃ DE NOVA ATENA PRECISA VENCER AS *SUPERGUERREIRAS* DE *NOVA ESPARTA!*
EU A *PROIBI* DE LUTAR, DIANA!
NOSSAS *TRADIÇÕES* NÃO SIGNIFICAM *NADA* PARA VOCÊ, FILHA?
DIANA!
DIANA!
EU QUERO SER DONA DE MEU DESTINO!
A *ILHA PARAÍSO* É SEU MUNDO...
...UM PARAÍSO PARA AS MULHERES. UMA DÁDIVA DE *AFRODITE*.
VOCÊ PREFERIRIA A *ALTER-NATIVA?*

ISSO?
É *ISSO* QUE BUSCA, DIANA?
A BÁRBARA RUÍNA QUE É O *MUNDO DOS HOMENS*?
O QUE *ACONTECEU* A VOCÊ, FILHA?
HUMILHOU SUA IRMÃ MAHLA... POR QUAL MOTIVO?
E ESSE CHEIRO EM VOCÊ...
UM CHEIRO DO QUAL ME RECORDO!
CHEGA DE JOGOS!
VOCÊ NÃO ENFRENTARÁ AS GAROTAS DE *NOVA ESPARTA* COMO *CAMPEÃ*.
ELAS ARRANCARIAM SEUS *MEMBROS* SE SENTISSEM ESSE *CHEIRO* EM VOCÊ.
NÃO VOU ENFRENTÁ-LAS.
NÃO É O QUE QUERO.
ISSO EU POSSO *PROMETER*, MÃE.

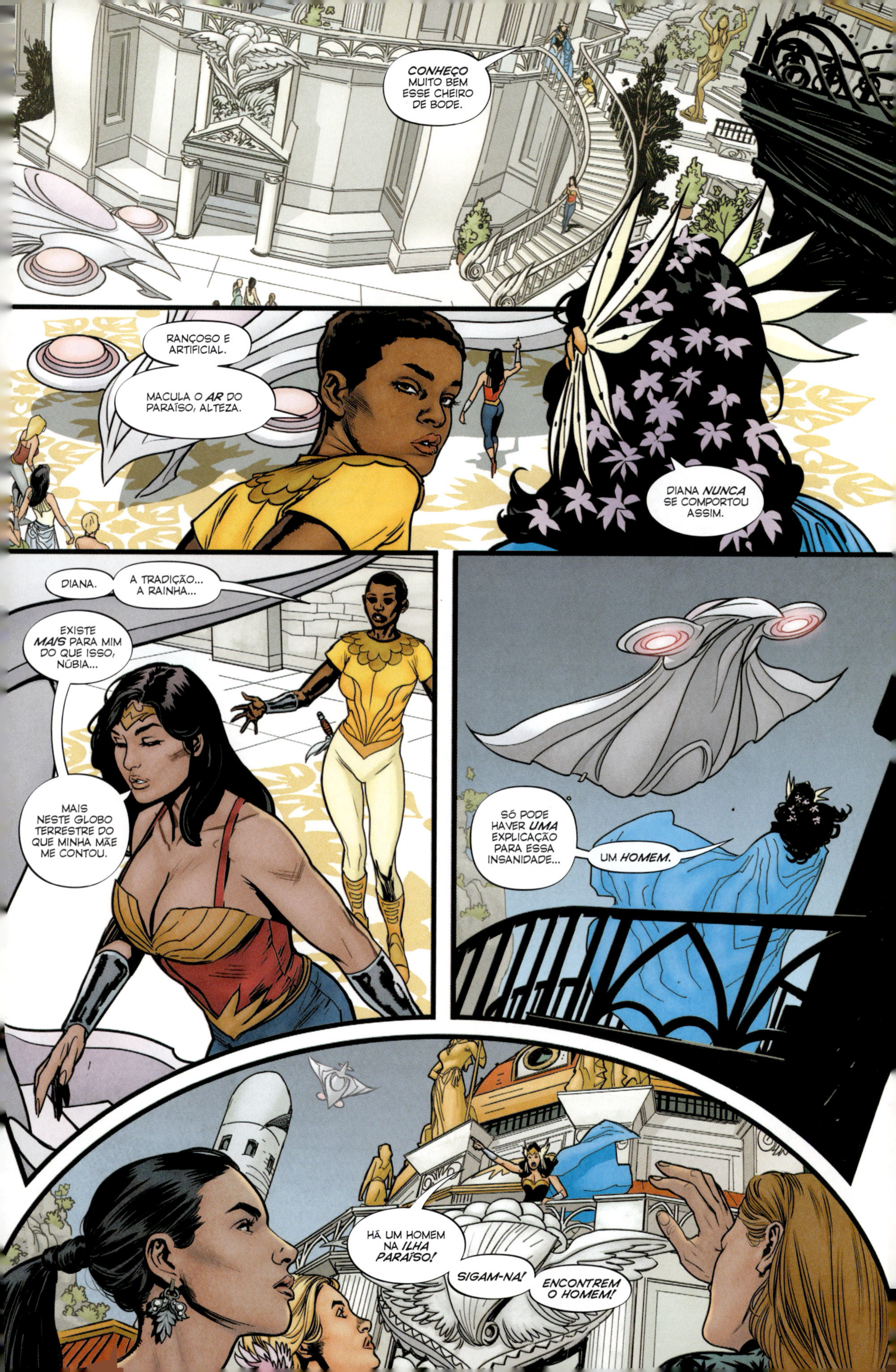
CONHEÇO MUITO BEM ESSE CHEIRO DE BODE.
RANÇOSO E ARTIFICIAL.
MACULA O AR DO PARAÍSO, ALTEZA.
DIANA NUNCA SE COMPORTOU ASSIM.
DIANA.
A TRADIÇÃO... A RAINHA...
EXISTE MAIS PARA MIM DO QUE ISSO, NÚBIA...
MAIS NESTE GLOBO TERRESTRE DO QUE MINHA MÃE ME CONTOU.
SÓ PODE HAVER UMA EXPLICAÇÃO PARA ESSA INSANIDADE...
UM HOMEM.
HÁ UM HOMEM NA ILHA PARAÍSO!
SIGAM-NA!
ENCONTREM O HOMEM!

<SOCORRO...>
<ALGUÉM...>
<COMO EU VOLTO PRA CASA?>
<TER TRANSPORTE.>

<IR.>
<IR AGORA, TRE-VOR.>
<É PLANADOR NÃO VISTO.>
<OCULTO?>
<PLANADOR-MARAVILHA.>
<E VOCÊ...>
<...VOCÊ É A MULHER-MARAVILHA... O ANJO...>
<É BOM?>
<É CERTO?>
<LOGO, LAR.>
OH.

DIANA!
FIQUE LONGE DESSA CRIATURA!
MAHLA--
ELA DESAFIA NOSSAS LEIS MAIS SAGRADAS, NÚBIA!
TEM DE ENTREGÁ-LO OU ENCARAR AS CONSEQUÊNCIAS!
DIANA!
NÃO.
"NÃO"?
SE ESCOLHER ESSE CAMINHO, SERÁ NOSSA INIMIGA ETERNA.
DIANA...
...DEVERÍAMOS ESTAR JUNTAS...
SINTO MUITO, MAHLA.
TOMEI MINHA DECISÃO.

EU SOU A *PRINCESA* DIANA.
VOCÊ DEVE *OBEDECER* À MINHA VONTADE.
ESSE HOMEM ESTÁ SOB *MINHA* PROTEÇÃO.
CHAMANDO MAHLA COMO TESTEMUNHA!
DEIXAR A ILHA É *PROIBIDO!*
SEREMOS *FORÇADAS A ABATÊ-LA,* PRINCESA!
GOSTARIA DE VÊ-LA *TENTAR,* MEU AMOR.
VÁ PARA *CASA,* MAHLA!
DIGA À RAINHA QUE *DESPISTEI* SEU VEÍCULO. ELA VAI ENTENDER.
ELA QUEBROU A *TRADIÇÃO!*
ELA ME *REJEITOU!*
TIROU MEU TÍTULO... E MEU *PLANADOR!*

MAHLA É A MAIOR DAS *MULHERES-MARAVILHA*... O *MODELO IDEAL*.
MEU AMOR.
É MELHOR QUE VOCÊ VALHA A PENA, TRE-VOR.
SEJA LÁ O QUE FIZER...
...NÃO ME DECEPCIONE.
EIA!
<ESTÁ QUENTE...>
<COMO PODE ESTAR QUENTE?>
NÃO A DEIXEM ESCAPAR!

<OS ESTADOS UNIDOS... FICAM BEEEM LONGE...>
<NORDESTE...>
<SUAS IRMÃS SÃO MEIO... *HOSTIS*...>
É *PROIBIDO* QUE HOMENS PISEM NA ILHA PARAÍSO.
SE NOS PEGAREM, PROVAVELMENTE O EXECUTARÃO PIEDOSAMENTE.
POR SORTE, O ***PLANADOR-ROBÔ*** DE MAHLA É CAPAZ DE DEIXAR QUALQUER PERSEGUIDOR PARA TRÁS.
PRONTO PARA UMA ESCANDALOSA AVENTURA, STE-VE TRE-VOR?
EU SEI QUE ESTOU.

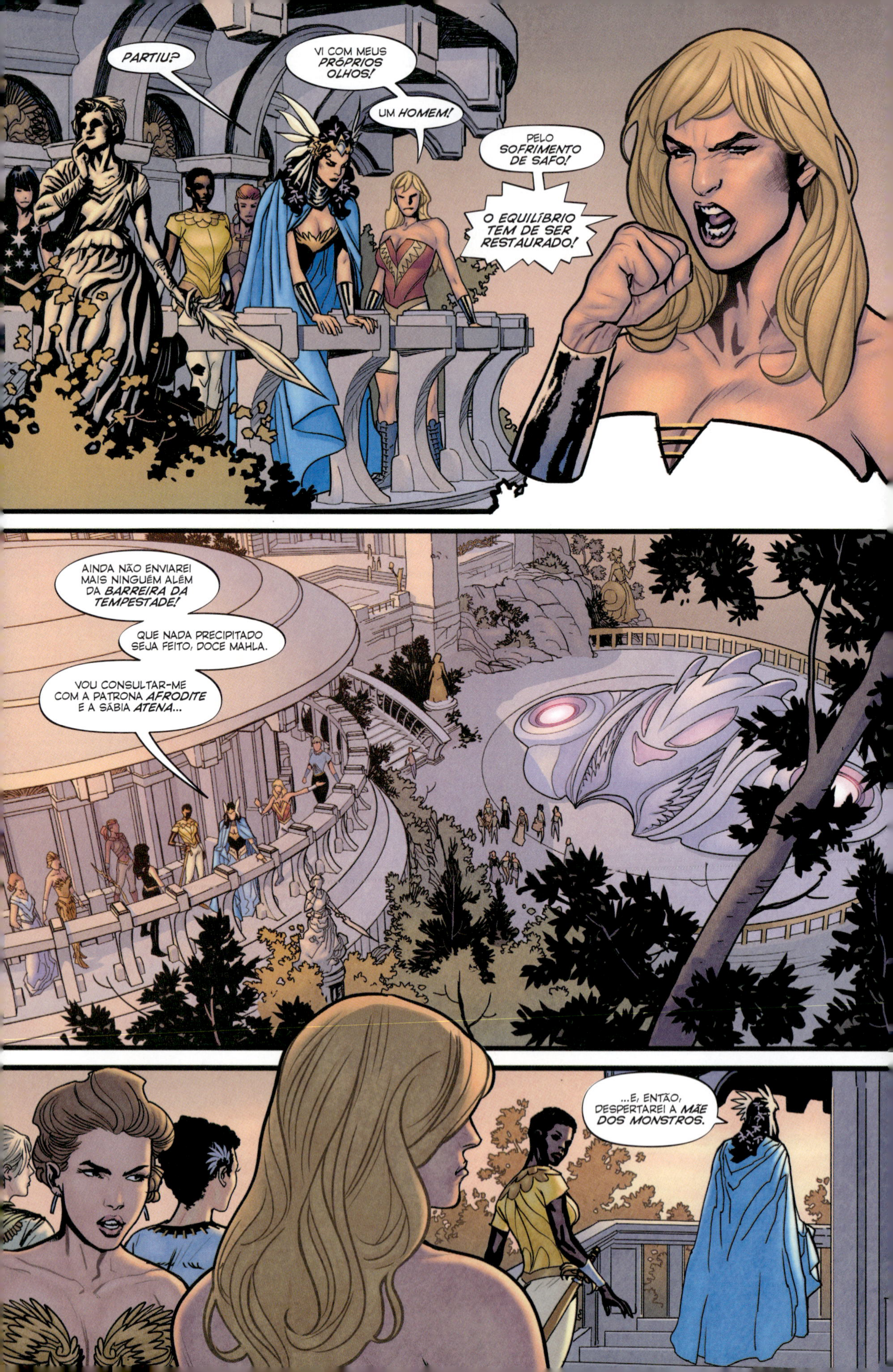
PARTIU?
VI COM MEUS PRÓPRIOS OLHOS!
UM HOMEM!
PELO SOFRIMENTO DE SAFO!
O EQUILÍBRIO TEM DE SER RESTAURADO!
AINDA NÃO ENVIAREI MAIS NINGUÉM ALÉM DA BARREIRA DA TEMPESTADE!
QUE NADA PRECIPITADO SEJA FEITO, DOCE MAHLA.
VOU CONSULTAR-ME COM A PATRONA AFRODITE E A SÁBIA ATENA...
...E, ENTÃO, DESPERTAREI A MÃE DOS MONSTROS.

ESTAMOS NOS APROXIMANDO DE UMA GRANDE PORÇÃO DE TERRA.
<ESSE É SEU ESTA-DOS UNI-DOS?>
<ESTAMOS PERTO DO MUNDO DOS HOMENS?>
<ESTADOS UNI...?>
<QUAL É A VELOCIDADE DESTA COISA?>
<A VELOCIDADE?>
<O PLANADOR-ROBÔ VOA TÃO RÁPIDO QUANTO HERMES, STEVE.>
<HERMES É O MENSAGEIRO DOS DEUSES, A PERSONIFICAÇÃO DO RELÂMPAGO.>
<VAMOS CONSE-GUIR.>
<EU PROMETO.>
<ANJO...>
<...VOCÊ APRENDEU INGLÊS... COMO...?>
<EU ESCUTO.>
<COMO VOCÊ...?>

PIZZA!
857-6274
TÁXI 754 899-99
SAÍDA DE EMERGÊNCIA

FIZ O QUE PUDE.
TRE-VOR PRECISA DOS *REMÉDIOS DO HOMEM*.

MAJESTADE, ESTE FRIO ANTIGO. ESTA ESCURIDÃO LETAL...
OUSAMOS DEIXAR O MUNDO ACIMA PARA VISITAR *ISTO?*
SHH!
CHEGA DE PALAVRAS, DOCE NÚBIA.
POR ORA.
O MENOR *SUSPIRO* DESPERTARÁ AS SERPENTES DA DAMA.

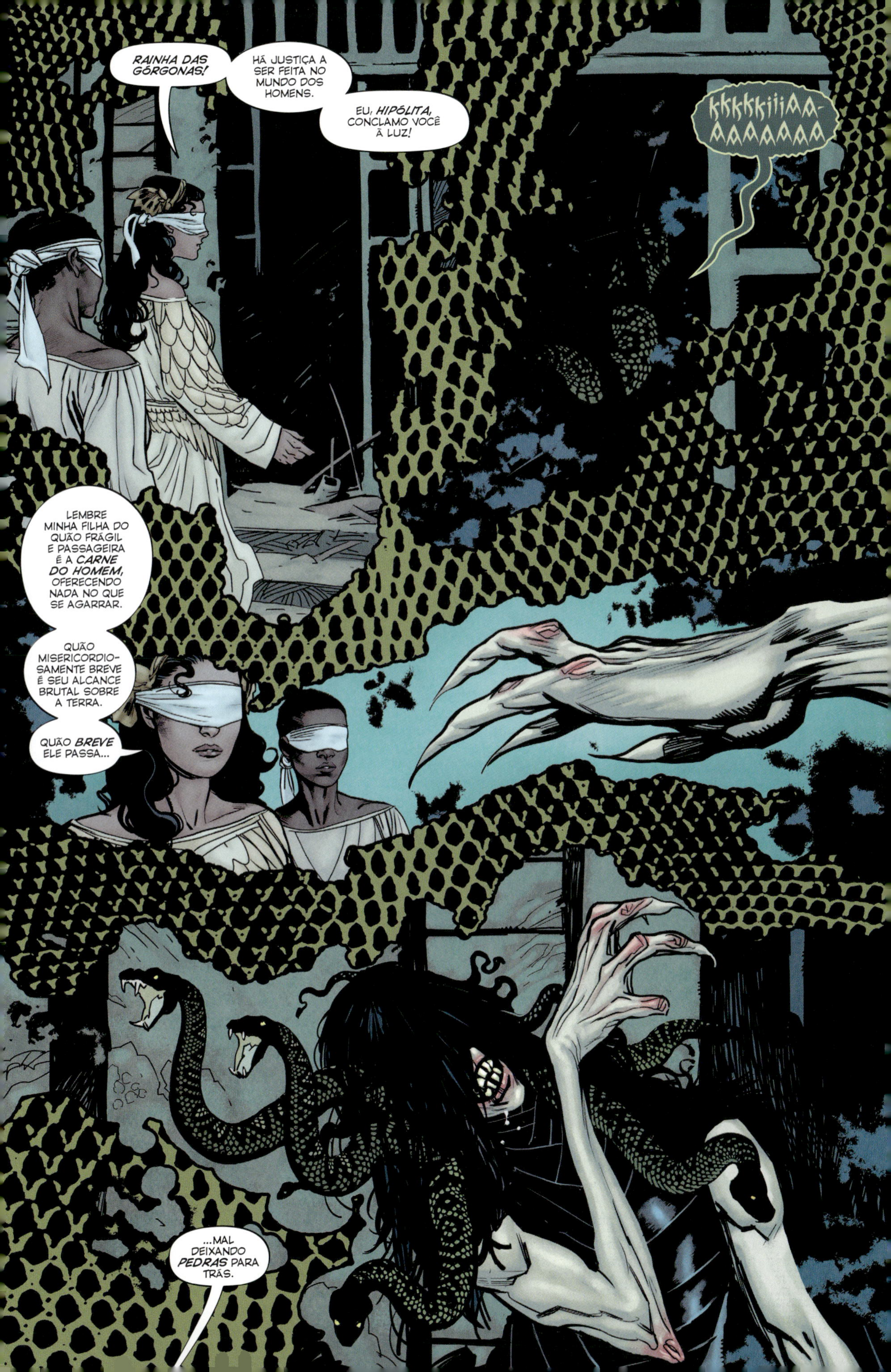
RAINHA DAS GÓRGONAS!
HÁ JUSTIÇA A SER FEITA NO MUNDO DOS HOMENS.
EU, HIPÓLITA, CONCLAMO VOCÊ À LUZ!
KKKKKIIIAAA-AAAAAAA
LEMBRE MINHA FILHA DO QUÃO FRÁGIL E PASSAGEIRA É A CARNE DO HOMEM, OFERECENDO NADA NO QUE SE AGARRAR.
QUÃO MISERICORDIO-SAMENTE BREVE É SEU ALCANCE BRUTAL SOBRE A TERRA.
QUÃO BREVE ELE PASSA...
...MAL DEIXANDO PEDRAS PARA TRÁS.

ESTE HOMEM ESTÁ EM CHOQUE.
SUSPEITO QUE ESTEJA COM HEMORRAGIA.
QUANTO ANTES FOR PRA CIRURGIA, MELHOR.
152c
SALA DE CIRURGIA A-C
MAS EU POSSO AJUDAR!
ALGUÉM PODE PEDIR A ESTA JOVEM PRA SAIR?
POR ALGUM MOTIVO, ELA ESTÁ ME IGNORANDO TOTALMENTE.
AGE COMO SE FOSSE DONA DO LUGAR!
<VOCÊS PERMITEM SOMENTE AOS HOMENS CUIDAREM DOS SEUS?>
<EXISTEM RAIOS PÚRPURAS?>
<VOCÊS TÊM QUE TER RAIOS PÚRPURAS.>
QUÊ?
O QUE CÊ TÁ FALANDO?
IIN-GLÊÊS?
EU APRENDO IN-GLÊS.
ESTA-DOS UNI-DOS?

OLHA, NÃO ME INTERESSA QUEM ESSA MULHER É OU PENSA QUE É...
...TIRA ELA DAQUI, ENFERMEIRA.
ANTES QUE EU CHAME A SEGURANÇA!
SEU AMIGO TÁ SEGURO COM OS MÉDICOS.
O.R. - B
FIRE
ALERTAMOS OS SUPERIORES DELE NO EXÉRCITO... POR FAVOR...
...O CAPITÃO TREVOR ESTÁ EM ÓTIMAS MÃOS.
152c
TRE-VOR.
VOCÊS TODAS PARECEM SER TÃO PEQUENAS.
TÃO ADOENTA-DAS.
<ESSES CHEIROS TERRÍVEIS QUE MASCARAM A DECADÊNCIA. ESTA ATORDOANTE LUZ ARTIFICIAL...>
ESTE PESA-DELO...
É ISTO O MUNDO DOS HOMENS?
POR FAVOR!
NÃO PODEMOS DEIXAR QUE FIQUE PERAMBULANDO ASSIM PELO HOSPITAL.
<EU SÓ QUERIA SABER.>
<QUANTO ESTE MUNDO PODE SER PIOR QUE...?>

OH.
DEIXEM-ME AJUDAR.
EU ENTENDO DE CURAS.
PRINCI-PALMENTE DE MULHERES... ELAS SÃO MINHA...
...ESPECIALIDADE.

COM LICENÇA.
ELA É SUA *MÃE*?
ACHEI QUE NÃO TIVESSE--
<ENRUGADA COMO UMA *FOLHA*.>
<COMO PODEM PERMITIR *ISSO*?>
<UM *RAIO PÚRPURA* PODERIA SALVÁ-LA.>
IRMÃ. EU SOU *DIANA*.
<TENHO ORGULHO DE ME AJOELHAR A SEU LADO, CORAJOSA IRMÃ.>
DIGA-ME SEU *NOME*.
EU DISSE, "COM LICENÇA"!
QUEM É VOCÊ?
ANJO...
VOCÊ É UM AN...
*
TODAS?
POLÍCIA
FORT LAUDERDALE POLÍCIA
www.flpd.org
POLÍCIA

TODAS ESSAS MULHERES ESTÃO MORRENDO?
NOSSAS IRMÃS ESTÃO *MORREN-DO?*
SUAS VIDAS, SUA SABEDORIA...
...*PERDIDAS PARA SEMPRE,* SEM REGISTROS?
<QUE *MUNDO* É ESTE EM QUE MULHERES PERECEM SOZINHAS... AME-DRONTADAS...>
<...OU SE *ENCOLHEM* DE MEDO DOS HOMENS?>
<EU NÃO DEVERIA ESTAR AQUI.>
ISTO É HORRÍVEL!
NÃO PERTENÇO A ESTE LUGAR!
VIOLÊNCIA!
DOR!
RUÍDO!

AGRESSÃO...
<VOCÊS SÃO FILHOS DE ARES, O DEUS PUERIL DA GUERRA!>
<SUAS LEGIÕES RASTEJAM COMO FORMIGAS.>
<MARCHAM ÀS CEGAS ENQUANTO, À SUA VOLTA, BELAS MULHERES SOFREM E MORREM SEM SEREM OUVIDAS.>
JÁ CHEGA!
FICA PARADINHA AÍ, MOÇA!
FICAR PARADA?
POR ORDEM DE QUEM, GAROTO?
SUA?
O QUE ELA...?
NÃO PODE SER...
KELLER
RAEMER

EU ACHO QUE *NÃO!*

<HOMENS.>
<IMPRESSIONAM-SE TÃO FACILMENTE COM A *FORÇA!*>
<COM COISAS QUE PODEM *MEDIR* E PESAR.>
O QUE ACABOU DE ACONTECER?
<LEVANDO VIDAS BREVES E IGNORANTES, DE MEDO E CONFLITO.>
<NESTE TEATRO SOMBRIO DE MORTE E IRA.>
O QUE *DIABO* ACONTECEU?
EXÉRCITO EUA
<É SEU COMANDANTE?>
<UM JUMENTO QUE ZURRA E QUE IMAGINA FALAR COM A AUTORIDADE E DIGNIDADE DE *ZEUS.*>
ESTE É O *MUNDO DOS HOMENS?*
E *ESSES* SÃO HOMENS?
PARA *MIM,* PARECEM *MENINAS.*
<ROSTOS DOCES, REDONDOS, JOVENS E IMBERBES... FEITOS PARA SEREM *BEIJADOS* E NÃO FERIDOS.>

<MAL TENDO NASCIDO, VIVEM NA MISÉRIA E MORREM SEM COMPREENDER.>
<CADA CONTATO É UMA DECLARAÇÃO HOSTIL.>
<CADA CAMPINA É UM CAMPO DE BATALHA EM POTENCIAL OU UM JAZIGO...>
ESPERA AÍ!
POSSO NÃO SABER COMO FEZ AQUILO COM O JIPE, QUERIDA, MAS--
EIA, GAROTO!
PARA TRÁS!
SE AFASTA DESSA... DESSA... COISA!
EU NÃO VOU FALAR DE NOVO.
TINHAM QUE PROVAR QUE MINHA MÃE ESTAVA CERTA?
DIGAM A STEVE TREVOR QUE MEU NOME É DIANA.
SEU MUNDO NÃO POSSUI NADA DE QUE EU PRECISE.

HOMENS.
:BLURGH:
FIQUEI NAUSEADA PELO QUE VI LÁ.
ESTAVA PRESTES A VOLTAR, A RETORNAR PARA CASA...
...MAS ENTÃO--
DESÇA, DIANA.
OUVIMOS AS AMAZONAS ALTHEA E MAHLA...
...AGORA CHAMO ELIZABETH CANDY, DO MUNDO DOS HOMENS, PARA TESTEMUNHAR.
BETH?
<ELA ME AVISOU QUE CÊS ERAM MEIO EXCÊNTRICAS, GAROTAS. E NÃO É QUE TINHA RAZÃO?>

<OLÁ, AMAZONAS!>
UHH-HÚÚ!
<NÃO DESGRACE SEU GÊNERO COM EXIBIÇÕES VULGARES.>
<FALE.>
<COMO *CONHECEU* A PRINCESA DIANA E SOB QUAIS CIRCUNSTÂNCIAS?>
<NÃO PRECISO DE UMA CORDA DOURADA PRA DIZER A VERDADE, VOSSA MAJESTADE.>
<ESTA É A HISTÓRIA *VERÍDICA* DO FERIADÃO E DE COMO AS GAROTAS DA *FRATERNIDADE BETA LAMBDA* ESCAPARAM DA MORTE CERTA ENQUANTO IAM PARA *SOUTH BEACH.*>
THIS IS HOW THEY MADE ME, HOUSTON, TEXAS, BABY...

...EU *DISSE*, O QUE ACONTECEU COM TODA A *COMIDA* PRO ENCONTRO *ALIMENTE OS FAMINTOS*, BETH?
ACHO QUE A FAMINTA FICOU COM *FOME*, SEU BANDO DE AVARENTAS.
QUE O SENHOR ME ACERTE COM UM--
EPA!
UNFF!
AAHH!!

*!
NÃO *OUSA* USAR O NOME DO SENHOR EM VÃO DE NOVO, BETH CANDY.
PELO *AMOR* DE... UM CHOCOLATE.
NÓS *PARAMOS.*
COMO ISSO PODE SER POSSÍVEL?
DÁ UMA OLHADA.
ESTÃO TODAS BEM?

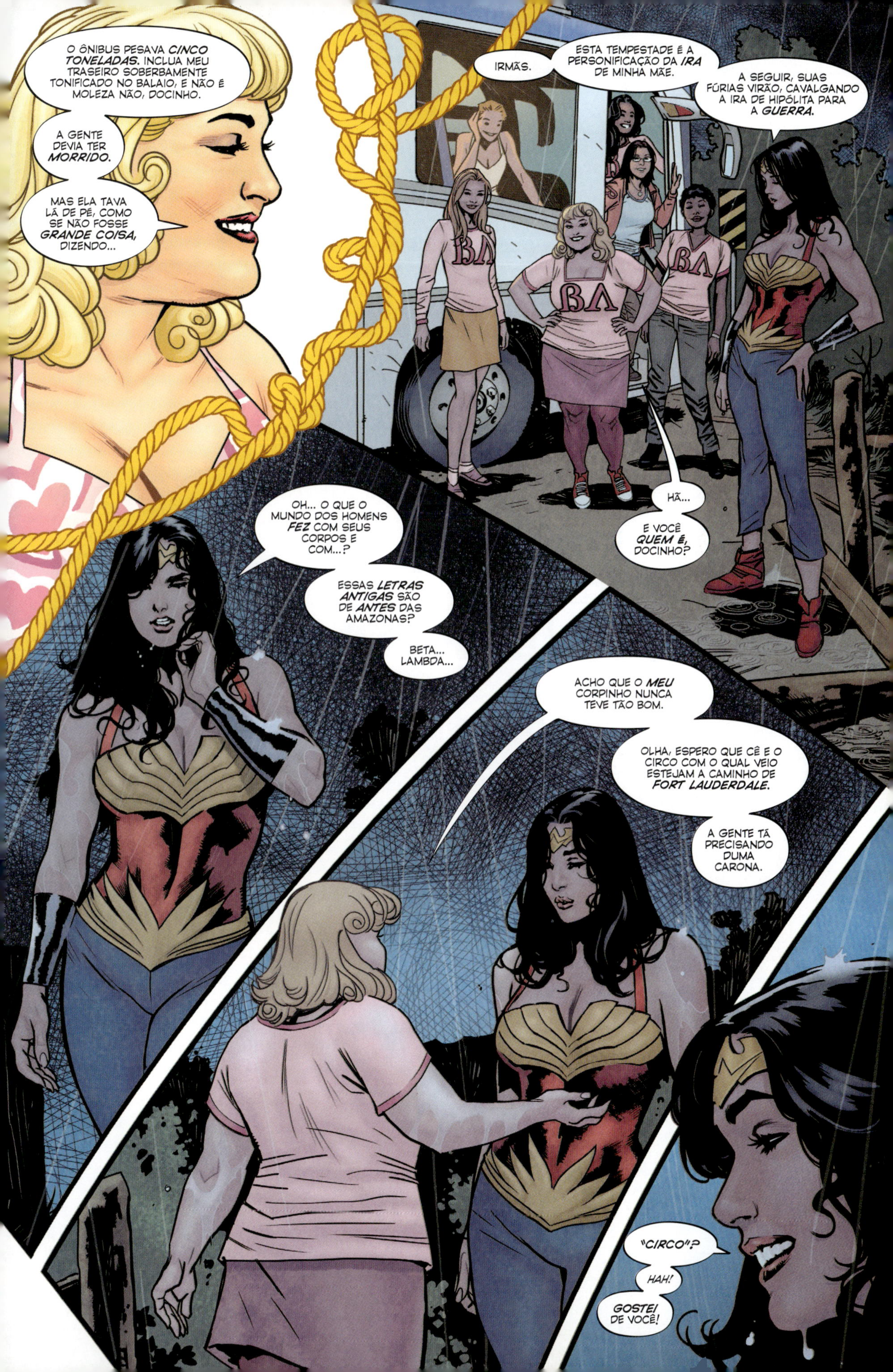
O ÔNIBUS PESAVA *CINCO TONELADAS*. INCLUA MEU TRASEIRO SOBERBAMENTE TONIFICADO NO BALAIO, E NÃO É MOLEZA NÃO, DOCINHO.
A GENTE DEVIA TER *MORRIDO*.
MAS ELA TAVA LÁ DE PÉ, COMO SE NÃO FOSSE *GRANDE COISA*, DIZENDO...
IRMÃS.
ESTA TEMPESTADE É A PERSONIFICAÇÃO DA *IRA* DE MINHA MÃE.
A SEGUIR, SUAS FÚRIAS VIRÃO, CAVALGANDO A IRA DE HIPÓLITA PARA A *GUERRA*.
HÃ...
E VOCÊ *QUEM É*, DOCINHO?
OH... O QUE O MUNDO DOS HOMENS *FEZ* COM SEUS CORPOS E COM...?
ESSAS *LETRAS ANTIGAS* SÃO DE *ANTES* DAS AMAZONAS?
BETA... LAMBDA...
ACHO QUE O *MEU* CORPINHO NUNCA TEVE TÃO BOM.
OLHA, ESPERO QUE CÊ E O CIRCO COM O QUAL VEIO ESTEJAM A CAMINHO DE *FORT LAUDERDALE*.
A GENTE TÁ PRECISANDO DUMA CARONA.
"CIRCO"?
HAH!
GOSTEI DE VOCÊ!

UHH-HÚÚ!
A VERDADE... UAU.
ME SINTO IMPELIDA A CONTAR QUE MINHA PRIMEIRA QUEDINHA FOI PELA SALLY-JO DEVLIN, RAINHA DA EQUIPE DE DEBATES DA ESCOLA.
DEPOIS, VEIO O POBRE IDIOTA BONITINHO DO HUMPHREY DeLaMERE...
NELA, A SEMENTE DA CONCLUSÃO FLORESCE.
SEU EXEMPLO CULTIVA E DESENVOLVE-SE, DANDO FRUTOS.
TUDO QUE AMADURECE É COLHIDO OU APODRECE NO ESCURO.
COMO A FRIA MEDUSA.

EU LIBERTEI A GÓRGONA MEDUSA.
ORDENEI QUE O FURACÃO DISFARÇASSE SEUS TRAÇOS.
TUDO PARA RECUPERAR MINHA PRÓDIGA FILHA.
ENCONTREM-NA.
NÃO POUPEM NENHUM HOMEM QUE SE PONHA EM SEU CAMINHO E NÃO SEJAM SEGUIDAS.
TRAGAM DIANA DE VOLTA.
CÊ MANDOU MONSTROS, GUERREIROS E MAIS UMA PÁ DE COISAS... PRA QUÊ?
SEJA LÁ O QUE ACHAVA QUE TAVA FAZENDO, ALTEZA, CÊ TAVA ERRADA.
A DIANA É GENTIL, CORAJOSA E INTELIGENTE.
EM VEZ DE JULGAR ELA, DEVIA TER ORGULHO DE SER SUA MÃE.
E, SE ACHA QUE ELA FEZ AQUILO POR UM HOMEM...
...O POBRE STEVE TREVOR SÓ DEU PRA ELA UMA DESCULPA PRA DAR O FORA DESTE LUGAR.

SABE, EM SITUAÇÕES COMO ESTA, NOSSA EQUIPE MÉDICA RECOMENDA UM SORO DA VERDADE CONHECIDO COMO *HIDROBROMETO DE ESCOPOLAMINA*.
MAS SEI QUE TEM UMA TOLERÂNCIA *INCOMUM* A AGENTES PSICOATIVOS.
ENTÃO, EM VEZ DISSO, VOU APELAR DIRETAMENTE PARA SEU *PATRIOTISMO*.
QUEM É ESSA PESSOA?
CAPITÃO TREVOR?
O QUE ACONTECEU COM A NAVE DE *CEM MILHÕES DE DÓLARES* EM QUE VOAVA?
E *COMO* CHEGOU AQUI?
TEMOS *RELATÓRIOS*, INCLUINDO TESTEMUNHAS OCULARES CONFIÁVEIS, DE UM MISTERIOSO AVIÃO TRANSPARENTE PILOTADO POR UMA *MODELO ADOLESCENTE DE MAIÔ*, FORTE O BASTANTE PARA ERGUER UM *JIPE*.
DEVEMOS SUPOR QUE SUA MISSÃO FOI *BEM-SUCEDIDA?*

GENERAL DARNELL, SENHOR. EU VOEI PRA DENTRO DUM MALDITO FURACÃO.
CAÍ, MAIS MORTO DO QUE VIVO, NO QUE PARECIA SER UMA ILHA NÃO CARTOGRAFADA NO TRIÂNGULO DAS BERMUDAS.
A "MODELO DE MAIÔ" SALVOU MINHA VIDA.
QUANTO AO RESTO...
...BEM...
...EU NÃO ME LEMBRO DE NADA.
MAS PODE CONFIRMAR A EXISTÊNCIA DESSA MULHER... DESSA--?
O QUE FOI ISSO?
O QUE É TODA ESSA COMOÇÃO LÁ FORA?
SENHOR!
VERIFICA VOCÊ MESMO!
DEVE SER MEU ANJO.
MINHA MULHER-MARAVILHA.

NEM SUA, NEM DE NINGUÉM.
STEVE TREVOR.
PRECISO DE RESPOSTAS PARA MINHAS PERGUNTAS.
EXTINTOR DE INCÊNDIO
COMO CHEGOU À ILHA PARAÍSO?
MULHERES ESTÃO SOFRENDO, ESCRAVIZADAS, ALQUEBRADAS E DEFORMADAS NESTE SEU MUNDO INSANO.
MAS PODEMOS LIDERAR VOCÊS PARA FORA DESTE ATOLEIRO.
VOCÊS, HOMENS, SÓ TÊM DE PARAR... E SE AJOE-LHAR.
ESTE MUNDO PODRE DEVE SE SUBMETER À AUTORIDADE MISERICORDIOSA DAS MULHERES-MARAVILHA.
ENTÃO, TUDO FICARÁ BEM.
CONFIEM EM MIM.

O QUE JÁ *FOI* NUNCA VOLTARÁ A SER.
O QUE *É* SÓ PODE SER, CONTUDO NUNCA CONTINUAR.
O QUE *ESTÁ POR VIR* SÓ TRARÁ PESAR PELAS COISAS DESFEITAS.
ENTÃO, TUDO PASSARÁ.
LÁ FORA NÃO É SÓ O *MUNDO DOS HOMENS.*
EU *PAREÇO* UM HOMEM?
CLARO, ESSE PAPO DE PATRIARCADO É UM *SACO,* MAS A GENTE FAZ QUESTÃO DE *DIZER* ISSO PRA ELES.
PREPARAMOS UMA *SUÍTE DE HOTEL.*
QUEREMOS QUE A *MANTENHA* LÁ O QUANTO PUDER, TREVOR.
ENTENDEU?
PRECISAMOS DA LOCALIZAÇÃO DESSA *"ILHA PARAÍSO".*
DE QUALQUER MANEIRA.
ESTÁ *CLARO?*
SIM, SENHOR.
NUNCA FOI MAIS CLARO.

ELIES HOTEL
ESTE MOMENTO...
...É O PIOR PRA FALAR EM MUDAR O *MUNDO,* PRINCESA.
ESSES CARAS TÃO SEMPRE COM O *DEDO NO GATILHO,* PRA DIZER O MÍNIMO.
ESQUECE DESSA *JIHAD FEMINISTA.*
E NÃO REVELA *MAIS NADA* ALÉM DO QUE JÁ REVELOU.
HM?
O QUÊ?
OBRIGADA.
S-SEM PROBLEMA, MOÇA.
SEU INGLÊS ESTÁ MESMO ÓTIMO.
OLHA, NÃO QUERIA TE OFENDER.
NEM CHEGUEI A AGRADECER POR TER SALVADO MINHA VIDA.
ENTÃO...
...PODE ME AGRADECER AGORA.

SALVAR UMA VIDA SIGNIFICA ESTAR LIGADA A ELA.
SAIBA QUE TOMAREI CONTA DE VOCÊ E IMPEDIREI QUE SEJA FERIDO.
MAS, ANTES...
...VOCÊ TEM DE ESTAR DISPOSTO A SE SUBMETER À *AMÁVEL AUTORIDADE*.
AJOELHE-SE, POIS ESTAMOS LIGADOS.
STEVE?

CLARO QUE ELA VEIO ME PEDIR CONSELHOS.
"VOCÊ PEDIU O QUÊ?", EU PERGUNTEI...
PRINCESA.
CÊ NÃO FAZ IDEIA, NÉ?
EU NÃO ENTENDO...
CURVAR-SE DIANTE DE UMA AMÁVEL AUTORIDADE É UMA DEMONSTRAÇÃO DE FORÇA.
AS AMAZONAS VALIDAM SEUS LAÇOS COM COLEIRAS, BRACELETES E CORRENTES.
DEIXA VER SE EU ENTENDI.
VOCÊ VEM DA ILHA PARAÍSO DAS LÉSBICAS DA FICÇÃO CIENTÍFICA.
COM UMA TENDÊNCIA PRO BONDAGE?
QUERIDA, UM BRINDE A ISSO!
UHH-HÚÚ!
O QUE DA FICÇÃO CIENTÍFICA?

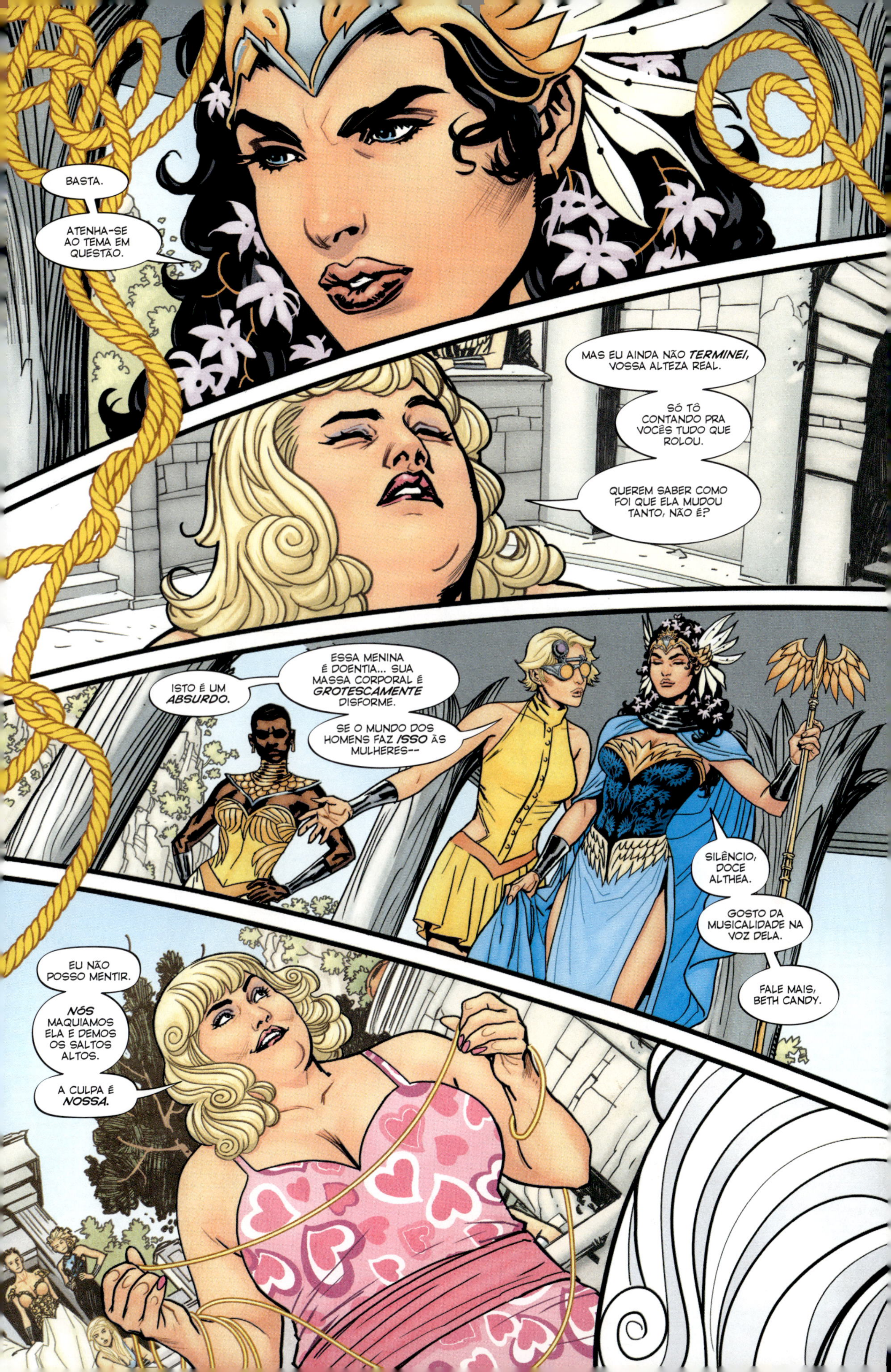
BASTA.
ATENHA-SE AO TEMA EM QUESTÃO.
MAS EU AINDA NÃO *TERMINEI*, VOSSA ALTEZA REAL.
SÓ TÔ CONTANDO PRA VOCÊS TUDO QUE ROLOU.
QUEREM SABER COMO FOI QUE ELA MUDOU TANTO, NÃO É?
ISTO É UM *ABSURDO*.
ESSA MENINA É DOENTIA... SUA MASSA CORPORAL É *GROTESCAMENTE* DISFORME.
SE O MUNDO DOS HOMENS FAZ *ISSO* ÀS MULHERES--
SILÊNCIO, DOCE ALTHEA.
GOSTO DA MUSICALIDADE NA VOZ DELA.
FALE MAIS, BETH CANDY.
EU NÃO POSSO MENTIR.
NÓS MAQUIAMOS ELA E DEMOS OS SALTOS ALTOS.
A CULPA É *NOSSA*.

TÃO QUESTIONANDO CADA UMA DE NÓS POR VEZ POR SUA CAUSA.
ENTÃO VAMOS NOS DIVERTIR UM POUCO ENQUANTO TAMOS PRESAS NESTA *POCILGA*.
MAQUIAGEM!
ISSO É DA HORA OU NÃO?
UHH-HÚÚ!

A ROUPA DE DANÇARINA FOI IDEIA MINHA.
ERA PRA SER MEIO QUE UM TROTE.
TÔ FALANDO VERDADE DEMAIS?
A PRÓXIMA TOP MODEL DA AMÉRICA...
...CONSEGUE LEVANTAR UM ÔNIBUS!
E ENTÃO?
O QUE ACHARAM?
EU TE DECLARO UMA INTEGRANTE HONORÁRIA DA BETA LAMBDA!
BEM-VINDA, GAROTA DIANA!

E FOI QUANDO ACONTECEU...
FICO PENSANDO EM STEVE TREVOR.
DEVERIA DESCULPAR-ME COM ELE.
É UMA BOA IDEIA, MAS NÃO AGORA.
TALVEZ NÃO SEJA APROPRIADO COM ESSA ROUPA.
PROVAVEL-MENTE VOCÊ SÓ IA ASSUSTAR O CARA.
NÃO ENTENDO NADA DIS...
OH.
SNIFF
NÃO... ELA NÃO OUSARIA.
FIQUEM AQUI!
FIQUEM DE OLHOS FECHADOS.

TODOS VOCÊS.
FECHEM OS OLHOS!
NÃO.
NÃO.
A GÓRGONA ESTÁ AQUI!
STEVE...

MEDUSA.
ELA ENVIOU A MEDUSA!

<O TRABALHO DA GÓRGONA ESTÁ *FEITO*.>
<A PEDIDO DE SUA *MAJESTADE*.>
<SEJAM GRATOS POR ELA SER PRECISA COMO UMA *CIRURGIÃ*.>
VOU CHAMAR REFORÇOS...
ESSA NÃO.

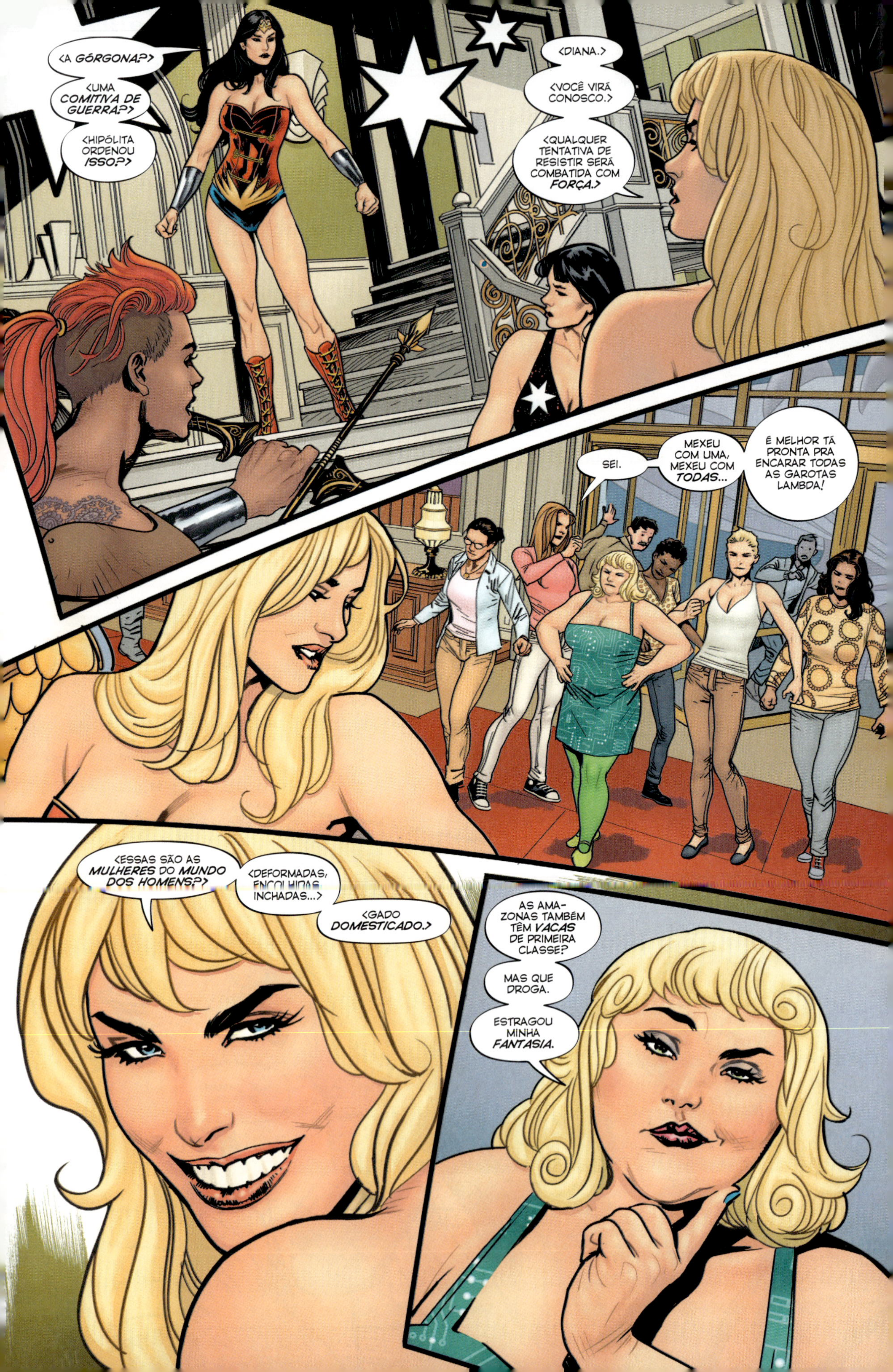
<A GÓRGONA?>
<UMA COMITIVA DE GUERRA?>
<HIPÓLITA ORDENOU ISSO?>
<DIANA.>
<VOCÊ VIRÁ CONOSCO.>
<QUALQUER TENTATIVA DE RESISTIR SERÁ COMBATIDA COM FORÇA.>
SEI.
MEXEU COM UMA, MEXEU COM TODAS...
É MELHOR TÁ PRONTA PRA ENCARAR TODAS AS GAROTAS LAMBDA!
<ESSAS SÃO AS MULHERES DO MUNDO DOS HOMENS?>
<DEFORMADAS, ENCOLHIDAS, INCHADAS...>
<GADO DOMESTICADO.>
AS AMAZONAS TAMBÉM TÊM VACAS DE PRIMEIRA CLASSE?
MAS QUE DROGA.
ESTRAGOU MINHA FANTASIA.

MÃOS PRA CIMA, TODAS VOCÊS!
<PREFERE QUE EU A ENFRENTE, MAHLA?>
<QUER QUE ACABE COM VOCÊS DIANTE DESSES HOMENS?>
NÃO ATIREM.
QUANTAS SÃO?
JÁ VIMOS DO QUE UMA DELAS É CAPAZ!
ESPERO QUE ELA QUEBRE A CARA DE ALGUÉM.
VIM AQUI PRA VER O QUEBRA-QUEBRA.
ACHO QUE NÃO...

<EU ME RENDO A VOCÊ!>
<EM ADORÁVEL SUBMISSÃO À VONTADE DE HIPÓLITA.>
<MINHA MÃE E RAINHA DAS AMAZONAS.>
<O QUÊ?>
<VOCÊ NÃO PODE-->
<AGORA, PELAS LEIS DE AFRODITE E ATENA...>
<...TENHO DIREITO A UM JULGAMENTO JUSTO NA PRESENÇA DELA.>
<UM JULGAMENTO PELA VERDADE.>
<LEVEM-ME APRISIONADA DIANTE DA RAINHA.>
<SUBMETO-ME DE BOM GRADO À MISERICÓRDIA DELA.>
<DEVO SER JULGADA DIANTE DAS MOIRAS.>

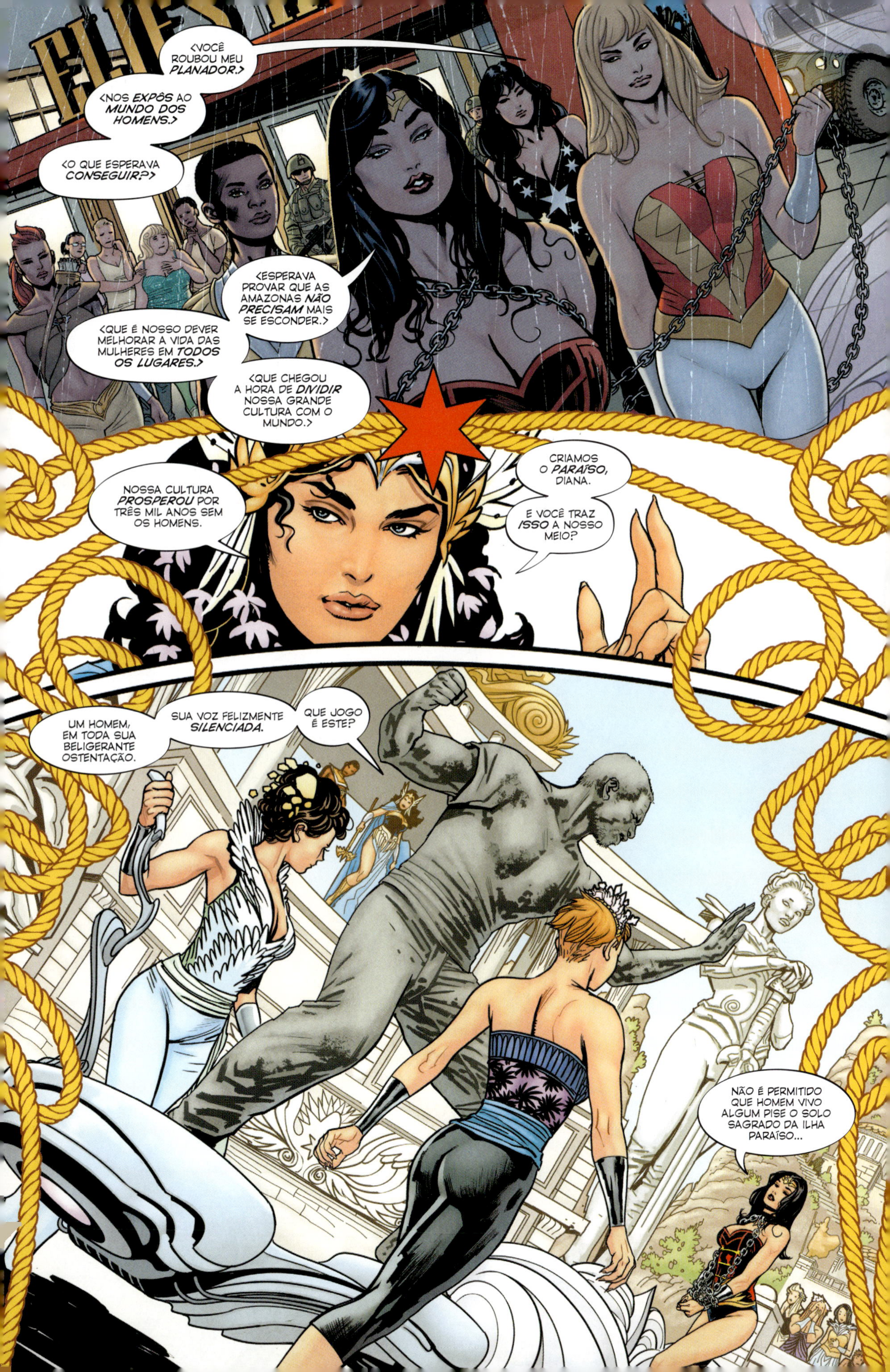

<VOCÊ ROUBOU MEU *PLANADOR*.>
<NOS *EXPÔS* AO *MUNDO DOS HOMENS*.>
<O QUE ESPERAVA *CONSEGUIR*?>
<ESPERAVA PROVAR QUE AS AMAZONAS *NÃO PRECISAM* MAIS SE ESCONDER.>
<QUE É NOSSO DEVER MELHORAR A VIDA DAS MULHERES EM *TODOS OS LUGARES*.>
<QUE CHEGOU A HORA DE *DIVIDIR* NOSSA GRANDE CULTURA COM O MUNDO.>
NOSSA CULTURA *PROSPEROU* POR TRÊS MIL ANOS SEM OS HOMENS.
CRIAMOS O *PARAÍSO*, DIANA.
E VOCÊ TRAZ *ISSO* A NOSSO MEIO?
UM HOMEM, EM TODA SUA BELIGERANTE OSTENTAÇÃO.
SUA VOZ FELIZMENTE *SILENCIADA*.
QUE JOGO É ESTE?
NÃO É PERMITIDO QUE HOMEM VIVO ALGUM PISE O SOLO SAGRADO DA ILHA PARAÍSO...

...MAS, SE EU PUDER RESTAURÁ-LO, VOCÊ O ESCUTARÁ FALAR?
E LHE GARANTIRÁ A VIDA?
"RESTAURÁ-LO"?
É IMPOSSÍVEL.
O RAIO PÚRPURA NÃO TEM EFEITO SOBRE HOMENS...
SHH!
NOSSA AMADA E COMPETENTE ALTHEA A DESAFIA, DIANA.
OS EFEITOS DO OLHAR DA MEDUSA SÃO REVERSÍVEIS.
O RAIO NÃO FUNCIONAVA NOS HOMENS PORQUE NUNCA PRECISOU FUNCIONAR.
EU O RECALIBREI.
ENCONTREI E ESTABELECI A FREQUÊNCIA DO MUNDO DOS HOMENS.
ESSE MESMO MÉTODO SERÁ NECESSÁRIO PARA RESTAURAR AS DEMAIS VÍTIMAS DA MEDUSA.

"IMPOSSÍVEL", VOCÊ DIZ?
GHAHHHH!
AAAAGH
GAH!

<ELA... PARECIA
TER COBRAS...>
<É BOM *REVÊ-LO*,
STEVE TREVOR.>
<PODE ME
DAR SUAS
MÃOS?>
<A RAINHA FARÁ
PERGUNTAS QUE SERÁ
COMPELIDO A *RESPONDER*
COM HONESTIDADE.>
O LAÇO *TRADUZIRÁ*.
BOA
SORTE.
QUE...?
HÃ...
O QUE *FEZ*
COMIGO?
EU
ESTAVA...
ESTAVA...
HOMEM!
COMO CHEGOU
À ILHA DAS
AMAZONAS?
O *ACASO*
O TROUXE
A NOSSAS
MARGENS...
...OU FOI *PRE-
MEDITADO*?
EU...
EU...
FUI MANDADO
PELO MEU *GOVERNO*
PARA... INVESTIGAR...
RELATOS...
...RELATOS SOBRE
UM SUPOSTO "*SINAL
FANTASMA*".

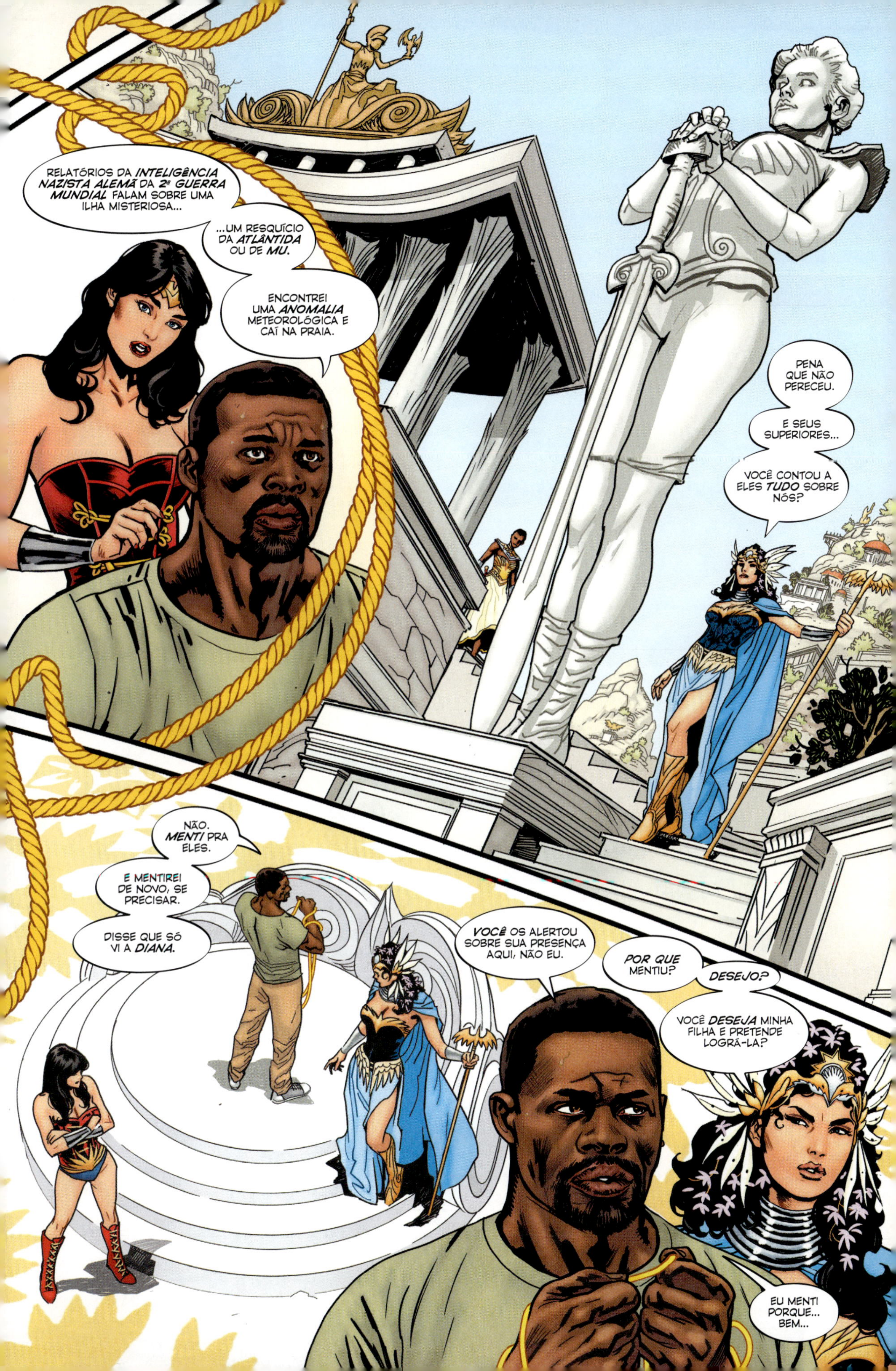
RELATÓRIOS DA *INTELIGÊNCIA NAZISTA ALEMÃ* DA *2ª GUERRA MUNDIAL* FALAM SOBRE UMA ILHA MISTERIOSA...
...UM RESQUÍCIO DA *ATLÂNTIDA* OU DE *MU*.
ENCONTREI UMA *ANOMALIA* METEOROLÓGICA E CAÍ NA PRAIA.
PENA QUE NÃO PERECEU.
E SEUS SUPERIORES...
VOCÊ CONTOU A ELES *TUDO* SOBRE NÓS?
NÃO. *MENTI* PRA ELES.
E MENTIREI DE NOVO, SE PRECISAR.
DISSE QUE SÓ VI A *DIANA*.
VOCÊ OS ALERTOU SOBRE SUA PRESENÇA AQUI, NÃO EU.
POR QUE MENTIU?
DESEJO?
VOCÊ *DESEJA* MINHA FILHA E PRETENDE LOGRÁ-LA?
EU MENTI PORQUE... BEM...

...COMO MUITA GENTE NO "MUNDO DOS HOMENS", MEUS ANCESTRAIS FORAM ESCRAVIZADOS E PERSEGUIDOS POR HOMENS COM MUITO PODER.
A VERDADE É QUE OS RICOS E OS HOMENS QUE FAZEM SEUS TRABALHINHOS SUJOS VÃO TENTAR VENDER O LIXO DELES PRA VOCÊS. ENQUANTO ISSO, FARÃO O MÁXIMO PRA ROUBAR SUA TECNOLOGIA, ENVENENAR SUA CULTURA E DEGRADAR SUAS MULHERES.
SUA FILHA SALVOU A MINHA VIDA.
DUAS VEZES.
DE AGORA EM DIANTE, TÔ DO LADO DE VOCÊS.
É O QUE VEREMOS.
VOCÊ DESEJA DIANA?
MÃE!
VOCÊS SÃO MITOLOGIA AMBULANTE.
TEMOS UMA FRASE NO MUNDO DOS HOMENS PRA ISSO...
"É AREIA DEMAIS PRO MEU CAMI-NHÃOZINHO", SACOU?
ENTÃO ESTÁ ACA-BADO.
O JULGAMENTO NÃO ACABOU, MÃE.
CHAMO UMA ÚLTIMA TESTEMUNHA.
SEM O TESTEMUNHO VERDADEIRO DELA, ESTE JULGA-MENTO É UMA FRAUDE...

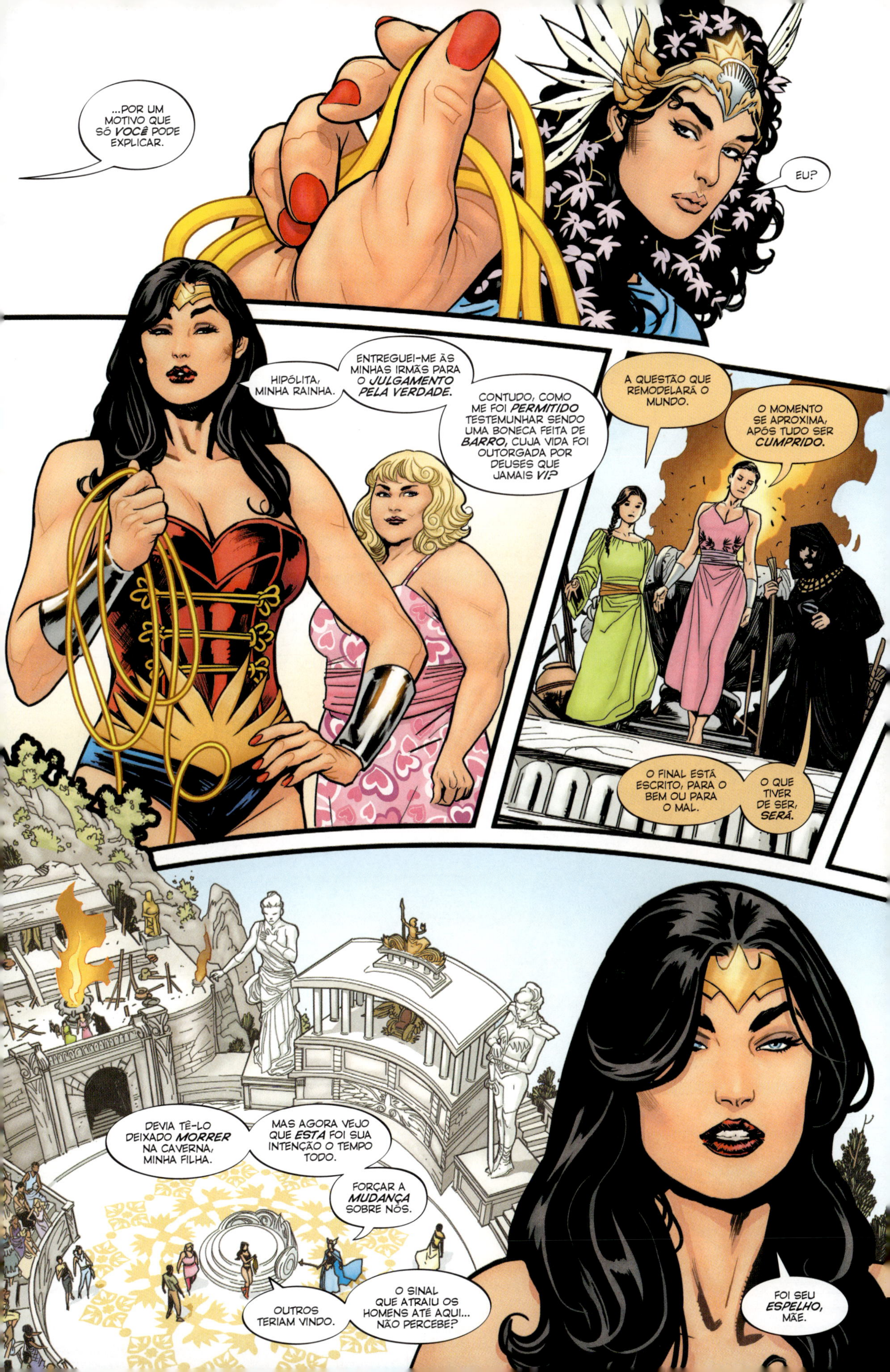
...POR UM MOTIVO QUE SÓ VOCÊ PODE EXPLICAR.
EU?
HIPÓLITA, MINHA RAINHA.
ENTREGUEI-ME ÀS MINHAS IRMÃS PARA O JULGAMENTO PELA VERDADE.
CONTUDO, COMO ME FOI PERMITIDO TESTEMUNHAR SENDO UMA BONECA FEITA DE BARRO, CUJA VIDA FOI OUTORGADA POR DEUSES QUE JAMAIS VI?
A QUESTÃO QUE REMODELARÁ O MUNDO.
O MOMENTO SE APROXIMA, APÓS TUDO SER CUMPRIDO.
O FINAL ESTÁ ESCRITO, PARA O BEM OU PARA O MAL.
O QUE TIVER DE SER, SERÁ.
DEVIA TÊ-LO DEIXADO MORRER NA CAVERNA, MINHA FILHA.
MAS AGORA VEJO QUE ESTA FOI SUA INTENÇÃO O TEMPO TODO.
FORÇAR A MUDANÇA SOBRE NÓS.
OUTROS TERIAM VINDO.
O SINAL QUE ATRAIU OS HOMENS ATÉ AQUI... NÃO PERCEBE?
FOI SEU ESPELHO, MÃE.

O QUÊ?
MEU ESPELHO É *INDETECTÁVEL.*
PARECE QUE NÃO É MAIS.
O LAÇO DESNUDARÁ SUAS REAIS INTENÇÕES.
ENTÃO, RESPONDA A *ESTA* QUESTÃO.
DE QUE *SUBSTÂNCIA* SOU FEITA, MÃE?
VOCÊ *TEM* DE RESPONDER.
EU... CRIEI UM *CONTO DE FADAS* PARA MANTÊ-LA INOCENTE, DIANA.
NUNCA HOUVE UMA *ESTÁTUA DE BARRO.*
MAS HOUVE *BARRO,* DE CERTA FORMA. E VOCÊ FOI MOLDADA...
PROS-SIGA.
ESTÁ *CERTA* DE QUE QUER A VERDADE?
POIS ELA CORTA *MAIS FUNDO* QUE A MAIS AFIADA LÂMINA.

EU PRECISO SABER.
DE QUE SUBSTÂNCIA EU SOU FEITA?
APANHEI O ÓVULO DE MEU ÚTERO.
E A SEMENTE DOS QUADRIS DO SEMIDEUS HÉRCULES.
MISTUREI EM MEUS ALAMBIQUES, TEMPERANDO COM MINHA FÚRIA.
O QUÊ?
HÉRCULES?
VOCÊ FOI MINHA VINGANÇA CONTRA HÉRCULES, DIANA.
A LINHAGEM DELE NÃO TERIA FILHOS HOMENS, SOMENTE FILHAS, CRIADAS PARA CONQUISTAR E SUBJUGAR O MUNDO DOS HOMENS.
VOCÊ NASCEU DE MINHA IRA.
SEU VIGOR NATIVO VINDO DAS AMAZONAS, SOMADO AO SANGUE DE HÉRCULES, A TORNOU INVENCÍVEL.
CONTUDO, TAMBÉM ORGULHOSA, REBELDE E INQUIETA.
O SANGUE DELE A CONVOCA PARA O MUNDO DOS HOMENS E PARA A BATALHA.
<VOCÊ É FILHA DO HÉRCULES?>
UHH-HÚÚ!
<ISSO É DA HORA, NÉ?>

"BATALHA"?
MEU TREINAMENTO... FOI PARA A GUERRA?
POR QUE ESCONDEU ISSO DE MIM?
EU SOU SUA MÃE.
ESTAVA LÁ NA SUA CONCEPÇÃO.
ESCULPI SUA EDUCAÇÃO.
NÃO QUERO OUVIR MAIS NADA.
EU NASCI PARA DESTRUIR?
VOCÊ FOI CRIADA PARA SER MINHA ARMA CONTRA O MUNDO DO HOMEM.
EU A PROJETEI PARA SER UM FLAGELO, UMA DESTRUIDORA.
EM VEZ DISSO... VOCÊ É DIANA.
GRACIOSA.
TÃO INTELIGENTE E PLENA DE AMOR.
ERA MUITO DONA DE SI PARA SE TORNAR O VEÍCULO DE PAIXÕES QUE OS SÉCULOS TRATARAM DE MINGUAR.
O TEMPO APLACOU MINHA FÚRIA.
EU MENTI PARA VOCÊ.
DISSE QUE ERA MENOS DO QUE HUMANA.

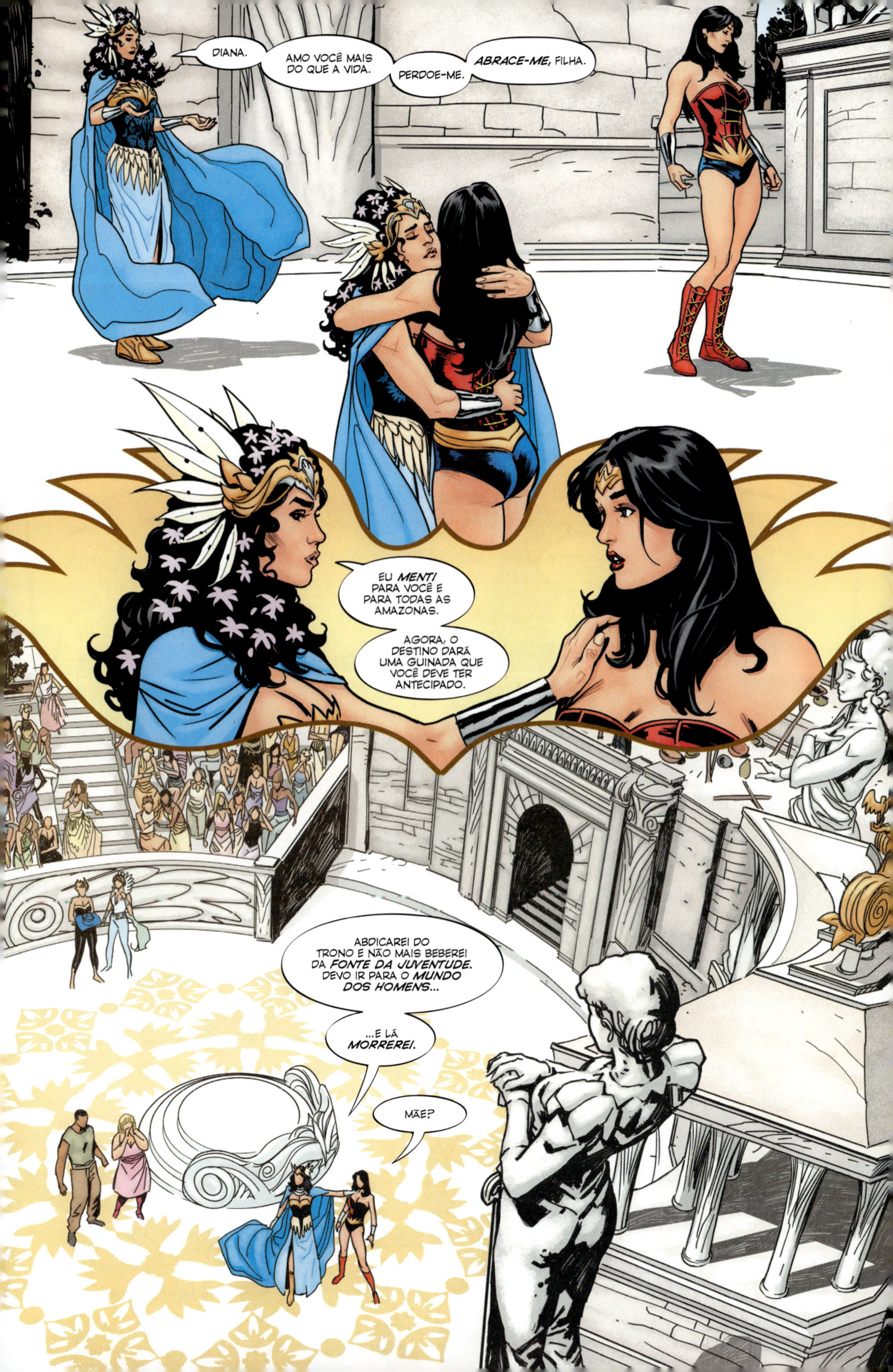
DIANA.
AMO VOCÊ MAIS DO QUE A VIDA.
PERDOE-ME.
ABRACE-ME, FILHA.
EU MENTI PARA VOCÊ E PARA TODAS AS AMAZONAS.
AGORA, O DESTINO DARÁ UMA GUINADA QUE VOCÊ DEVE TER ANTECIPADO.
ABDICAREI DO TRONO E NÃO MAIS BEBEREI DA FONTE DA JUVENTUDE. DEVO IR PARA O MUNDO DOS HOMENS...
...E LÁ MORREREI.
MÃE?

NÃO, ESPERE...
EU *NÃO QUERO* SER RAINHA DAS AMAZONAS!
<O QUE TÁ *ACONTECENDO?*>
<VOCÊ É *INOCENTE* OU *CULPADA?*>
<QUE TIPO DE JULGAMENTO É ESTE, AFINAL?>
<NÃO PERCEBE?>
<SE EU ME TORNAR A *RAINHA,* JAMAIS PODEREI SAIR DA ILHA PARAÍSO.>
<ELA SABE *EXATAMENTE* O QUE ESTÁ FAZENDO.>
ESTÁ ME *OBRIGANDO* A FICAR AQUI!
MÃE!
ALGUÉM!
MINHA RAINHA.
ESSA DECISÃO NÃO É SUA.

A RAINHA ETERNA *SERVE* AS AMAZONAS ETERNAMENTE.
LEMBRA-SE?
VOCÊ NÃO TEM *PERMISSÃO* DE ABDICAR.
QUER O CÉU CAIA, QUER O MAR SEQUE...
...*HIPÓLITA* SERÁ A *RAINHA DAS AMAZONAS.*
AS MOIRAS DERAM-LHE A COROA APÓS UM JULGAMENTO COMO ESTE, HÁ MUITO TEMPO, NO *AMANHECER*.
SEU DESTINO FOI *ESCRITO* NAQUELA OCASIÃO.
CLARO.
TENTEI POUPAR MINHA FILHA, NÚBIA.
QUERIA PROTEGER E PRESERVAR SUA INOCÊNCIA.
SUA BONDADE.
MAS *ACEITO* MEU PAPEL EM ADORÁVEL SUBMISSÃO À VONTADE DAS AMAZONAS.
ASSIM COMO ME SUBMETO À VONTADE DAS *MOIRAS*.

<ACHO QUE "JULGAMENTO" QUER DIZER UMA COISA DIFERENTE NESTA UTOPIA DE GAROTAS, HEIN, SOLDADINHO?>
<EU... NÃO ENTENDO.>
<DIANA...>
<...VOCÊ TEM QUE ESCUTAR SUA MÃE.>
<TEM PESSOAS LÁ FORA QUE VÃO QUERER TE FERIR. TE HUMILHAR E TE USAR.>
<ELAS VÃO LUTAR. VÃO TENTAR TE ESMAGAR...>
<NÃO TENHO MEDO, STEVE TREVOR.>
<EU SOU FILHA DE HIPÓLITA, A RAINHA DAS AMAZONAS, E DE HÉRCULES, O SEMIDEUS.>
<QUEM MAIS PODE UNIR NOSSOS MUNDOS?>
AS ALEATÓRIAS LINHAS DO FUTURO FORAM UNIDAS.
MANIFESTAS EM NOSSA QUERIDA FILHA ETERNA.
O PASSADO FEZ DE VOCÊ FILHA DO CONFLITO E DO MEDO.
DOCE DIANA, NÃO!
GRANDES IRMÃS.
ESTE TEMPO TODO, VOCÊS TECERAM MEU DESTINO.
SUA NATUREZA DUAL FOI FIRMADA PELO EQUILÍBRIO.
NASCIDA DA VINGANÇA, MOLDADA PELO AMOR, ATRAÍDA À LUTA.
O JULGAMENTO ACABOU, SEU DESTINO ESTÁ TRANÇADO.
AQUI, EM NOSSO TEAR.
SE HOUVER LUTAS, EU AS VENCEREI... MAS NÃO SEREI UMA ARMA OU UMA GUERREIRA.
PERMITAM QUE EU SEJA MAIS DO QUE FUI CRIADA PARA SER.

VOCÊ SERÁ O QUE AS MOIRAS ANUNCIARAM.
JOVEM, FEROZ, INDOMÁVEL E INCOMPARÁVEL.
BELA, FORTE, SÁBIA E SOTURNA. UMA *MARAVILHA.*
DIANA, SEU NOME.
PIZZ
EIA!
"MUNDO DOS HOMENS!"

É HORA DE TERMOS UMA *CONVERSA*.

Caderno de esboços de Terra Um

ARTE USADA PARA PRODUÇÃO DA
ESTÁTUA DA MULHER-MARAVILHA DE TERRA UM,
POR YANICK PAQUETTE.

(*) Cidadãs da ilha. Cores pastéis.
Roupas sob medida estilosas meio *sci-fi*.

Farol
Tribunal
Palácio Real

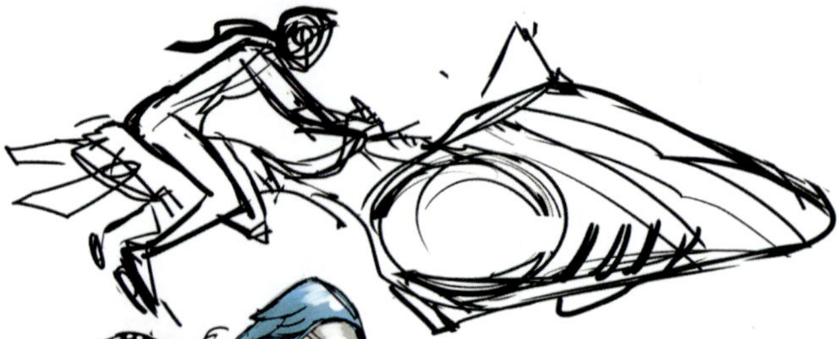

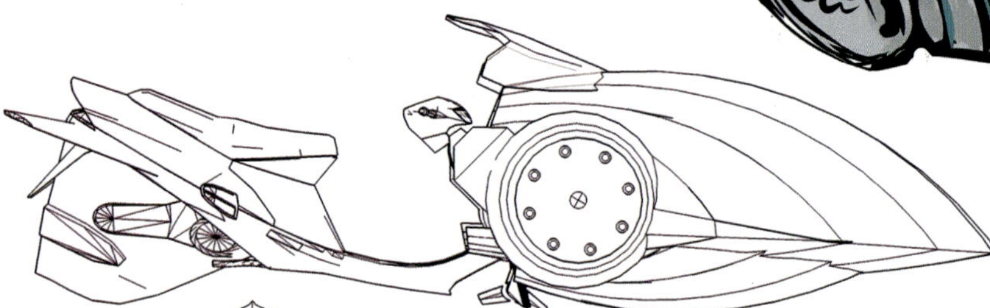
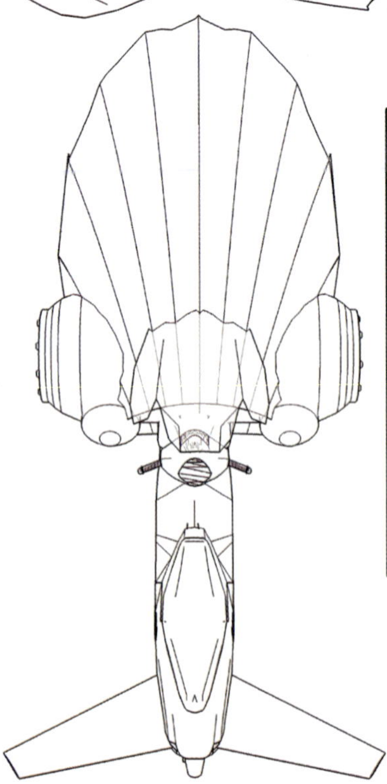
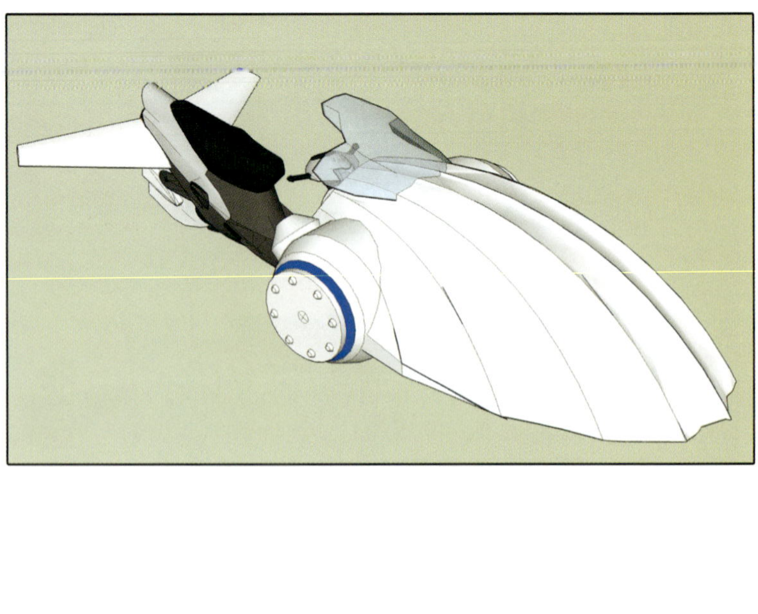

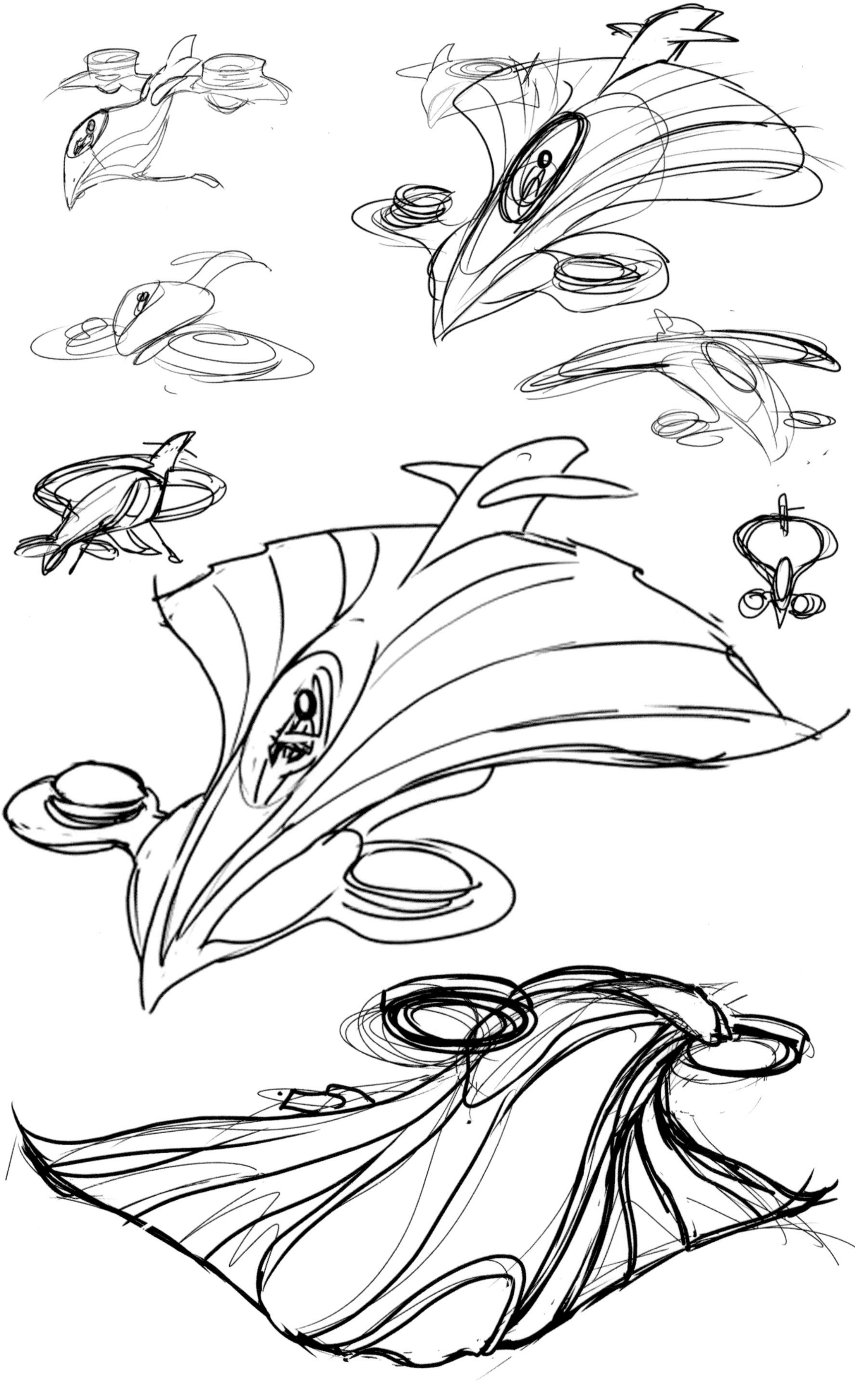

EARTH
ONE
GRANT
MORRISON
DC
COMICS™

EARTH
ONE
GRANT
MORRISON
DC
COMICS™

EARTH
ONE
GRANT
MORRISON
DC
COMICS

EARTH
ONE
GRANT
MORRISON
DC
COMICS

EARTH
ONE
GRANT
MORRISON
DC
COMICS

EARTH
ONE
GRANT
MORRISON
DC
COMICS

PAQUETTE
NF
14

FIRE

GRANT MORRISON tem trabalhado com a DC Comics por mais de vinte anos, começando com seus lendários arcos nos revolucionários títulos *Homem-Animal* e *Patrulha do Destino.* Desde então, escreveu diversos títulos bem-sucedidos – incluindo *LJA, Batman* e *Novos X-Men* – e as aclamadas séries autorais *Os Invisíveis, WE3: Instinto de Sobrevivência* e *Joe, o Bárbaro.* Morrison também tem expandido as fronteiras do Universo DC em obras como *Grandes Astros: Superman, Crise Final, Corporação Batman, Action Comics* e na Grande Teoria Unificadora da DC que foi *Multiverso.*

YANICK PAQUETTE é um consagrado artista canadense que tem desenhado *comics* desde o final dos anos 90. Ilustrou muitas histórias tanto para a Marvel quanto para a DC, incluindo diversos títulos da linha *X-Men,* duas minisséries com Alan Moore *(Terra Obscura)* e duas com Grant Morrison *(Sete Soldados da Vitória: Projétil* e *Corporação Batman).* Sendo um ávido colecionador de insetos e naturalista desde a infância, a passagem de Paquette pelo título do Monstro do Pântano permitiu a ele uma rara chance de unir seu amor pela biologia e sua paixão pelos quadrinhos.